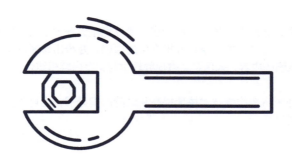

汽修疑难杂症
识别·检测·诊断·分析·排除

顾惠烽　等编著

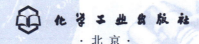

·北京·

本书主要介绍汽车的各类疑难杂症，涉及汽车上各大重要系统和组成机构的方方面面。对于各类故障，结合具体的现象，分析产生的原因，并给出诊断的具体方法、操作步骤、操作要领。较复杂难懂的内容，采用了"微视频教学与文字内容相结合"的形式进行介绍，直观易懂，便于掌握。

本书可作为汽车维修技术快速提高和进阶的指导书，也可作为专业院校师生的参考书和相关企业的培训用书。

图书在版编目（CIP）数据

汽修疑难杂症：识别·检测·诊断·分析·排除/顾惠烽等编著. —北京：化学工业出版社，2020.2（2022.11重印）
ISBN 978-7-122-35992-6

Ⅰ.①汽⋯ Ⅱ.①顾⋯ Ⅲ.①汽车-车辆修理 Ⅳ.①U472

中国版本图书馆CIP数据核字（2019）第298227号

责任编辑：黄 滢　　　　　　　　　　　文字编辑：陈小滔　张　宇
责任校对：宋　夏　　　　　　　　　　　装帧设计：王晓宇

出版发行：化学工业出版社（北京市东城区青年湖南街13号　邮政编码100011）
印　　装：涿州市般润文化传播有限公司
710mm×1000mm　1/16　印张15½　字数309千字　2022年11月北京第1版第5次印刷

购书咨询：010-64518888　　　　　　　　售后服务：010-64518899
网　　址：http://www.cip.com.cn
凡购买本书，如有缺损质量问题，本社销售中心负责调换。

定　　价：88.00元　　　　　　　　　　　　　　　　　　版权所有　违者必究

前言

随着现代汽车技术和电子技术的不断融合,汽车的构造越来越复杂,汽车产生故障的原因、种类和表现形式越来越多样化,这就给汽车维修工作带来了诸多困难。因此,在化学工业出版社的组织下,笔者曾联合众多一线汽修专家、技师,共同编写了《汽车常见故障 识别·检测·诊断·分析·排除》一书。该书自2019年1月出版以来,受到汽车维修行业内读者的广泛欢迎和喜爱,并提出了许多宝贵的意见和建议。为进一步顺应广大读者的需求,我们又编写了它的姊妹书——《汽修疑难杂症 识别·检测·诊断·分析·排除》(以下简称"本书")。读者可以将这两本书配套使用,互相取长补短,提高学习效率。

本书主要介绍了200余项汽车上的各类疑难杂症,按照发动机、自动变速器、车身电气系统、底盘的顺序逐一进行阐述。内容涉及汽车上各大重要系统和组成机构的方方面面,如电控系统、燃油系统、冷却系统、点火系统、排气系统、润滑系统、制动系统、转向系统、行驶系统、悬架系统、空调系统、安全气囊系统、防盗系统、灯光信号系统、电源系统、启动系统、CAN通信系统,配气机构、曲柄连杆机构、离合器、电动门窗、电动座椅、刮水器、洗涤器等。对于各类汽车故障,结合具体的故障现象,分析故障产生的原因,并给出故障诊断的具体方法、操作步骤、操作要领。

本书内容实用,讲解循序渐进。在内容编排上与其姊妹书一致,即全书均以图表结合的形式进行介绍,格式清晰,易于理解和掌握。此外,为便于读者快速消化和高效吸收所学知识,书中对于比较复杂难懂的内容,也采用了微视频教学与文字内容相结合的形式进行介绍。读者可在阅读本书的过程中,用手机或者其他电子设备扫一扫书中相应章节的二维码,即可观看视频讲解,将视频内容和文字内容对照学习,更加直观易懂，学习事半功倍。

本书由顾惠烽等编著，编写人员有顾惠烽、罗永志、陈豪、冼绕泉、杨沛洪、彭川、李浪、李志松、杨志平、卢世勇、黄俊飞、刘晓明、陈志雄、李金胜、冼志华、何志贤、杨立、钟民安、郑启森、潘平生、冼锦贤、孙立聪、黄木带。在编写过程中参考了相关文献、资料及原车维修手册，在此一并表示感谢！

由于笔者水平有限，书中不妥之处在所难免，敬请广大读者批评指正。

编著者

目录

第 1 章
发动机疑难杂症
1

- 1.1 发动机怠速抖动 / 1
- 1.2 发动机动力不足、加速无力 / 15
- 1.3 发动机不能启动 / 19
- 1.4 发动机加速时回火 / 32
- 1.5 发动机爆震 / 33
- 1.6 发动机有油无点火 / 41
- 1.7 发动机不能启动 / 41
- 1.8 发动机冷车启动困难 / 44
- 1.9 点火线圈初级 / 次级电路故障 / 47
- 1.10 发动机气缸体与气缸盖裂纹故障 / 57
- 1.11 发动机过热 / 59

第 2 章
自动变速器疑难杂症
75

- 2.1 自动变速器过热 / 75
- 2.2 自动变速器报警灯点亮故障 / 76
- 2.3 自动变速器挂挡不能行驶 / 77
- 2.4 自动变速器升挡过迟 / 78

第 3 章

电气系统疑难杂症

79

3.1 车辆漏电 / 79
3.2 车辆无法熄火 / 80
3.3 一键启动失灵 / 81
3.4 仪表充电指示灯点亮 / 82
3.5 起动机不工作 / 85
3.6 玻璃升降器不工作 / 95
3.7 信息娱乐系统功能失效 / 101
3.8 发电机异常故障 / 102
3.9 制动系统警告灯常亮故障 / 105

第 4 章

底盘系统疑难杂症

114

4.1 ABS 灯报警 / 114
4.2 胎压监测报警 / 115
4.3 高速行驶车身抖动 / 117
4.4 汽车行驶高速摆振 / 118
4.5 前轮磨损异常 / 118

第 5 章

仪表系统疑难杂症

122

5.1 整个仪表失灵 / 122
5.2 速度表失灵 / 124
5.3 转速表失灵 / 126
5.4 燃油表失灵 / 128
5.5 发动机冷却液温度表失灵 / 132
5.6 车速信号电路故障 / 134

6.1 车内温度传感器电路故障 / 148

6.2 环境温度传感器电路故障 / 152

6.3 蒸发器温度传感器电路故障 / 156

6.4 阳光传感器电路（乘客侧）故障 / 160

6.5 压力传感器电路故障 / 165

6.6 空气混合风门控制伺服电动机电路（乘客侧）故障 / 174

6.7 进气风门控制伺服电动机电路故障 / 176

6.8 BUS IC 通信故障 / 178

6.9 压缩机电磁阀电路故障 / 181

第 6 章

空调系统疑难杂症

148

7.1 滑动天窗 ECU 通信终止 / 186

7.2 LIN 通信主单元故障 / 189

7.3 驾驶员侧车门 ECU 通信中止 / 191

7.4 LIN 通信总线故障 / 194

7.5 通过 LIN 连接的 ECU 之间的通信故障 / 197

7.6 转向锁 ECU 没有响应 / 201

7.7 软件与车辆安全控制模块不兼容 / 203

7.8 与网关模块失去通信（主车身 ECU）/ 206

7.9 与网关模块失去通信（网络网关 ECU）/ 215

第 7 章

车载网络系统疑难杂症

186

7.10　防滑控制 ECU 通信故障 / 225

7.11　动力转向 ECU 通信故障 / 228

7.12　网关 ECU 通信故障 / 232

7.13　ECM 通信终止模式故障 / 235

参考文献

第 1 章　发动机疑难杂症

1.1　发动机怠速抖动

1.1.1　发动机怠速抖动故障分析

发动机怠速抖动故障分析见表 1-1-1。

表 1-1-1　发动机怠速抖动故障分析

故障现象	发动机在怠速时有抖动
故障原因	（1）进气供给系统 ❶ 进气管及各种阀的泄漏 　　常见的有进气歧管破裂，进气歧管密封不良，真空管脱落，动力排放阀（PCV）、排气再循环控制阀（EGR）关闭不严等。例如在正常情况下，怠速控制阀的开度与进气量应严格遵循一定的函数关系，即怠速控制阀开大，进气量就增加。当空气供给系统漏气时，则进气量与怠速控制阀的开度不能遵循原函数关系，以致空气流量计不能准确地测出真实的进气量，导致发动机电控单元（ECU）获得的进气量信号不准而误判，造成发动机怠速不稳 ❷ 怠速空气通道与节气门积垢过多 　　该情况导致进气截面积发生变化，以致对怠速空气通道控制失准，从而使进入气缸的空气量偏离正常值，混合气过浓或过稀，燃烧不正常，造成发动机怠速不稳 ❸ 控制怠速的传感器及其他电路失常 　　如怠速开关不能闭合时，ECU 错误判定发动机处于部分负荷，造成进气量控制错误；怠速阀由于油污、积炭而动作滞后或发卡，节气门关闭不严等都会造成 ECU 无法对发动机进行正确的怠速调节。另外进气温度传感器、空气流量传感器、冷却液温度传感器的电路短路、断路都会造成发动机怠速不稳

故障原因	（2）点火系统 点火系统不良主要是高压火花弱或火花塞不点火，直接影响了气缸燃烧，造成各缸功率不同，从而使发动机怠速不稳 主要为： ❶ 次级电压低 ❷ 高压线漏电 ❸ 高压线短路或内阻大 ❹ 点火提前角不对 ❺ 火花塞积炭、烧蚀 ❻ 火花塞电极间隙不对 ❼ 点火线圈损坏或点火控制电路故障 ❽ ECU 故障 视频讲解 （3）燃油系统 导致燃油系统供油不准的故障原因有： ❶ 喷油器泄漏或堵塞 ❷ 燃油继电器损坏 ❸ 燃油泵滤网堵塞、燃油泵安全阀弹簧弹力小或泵油压力不足 ❹ 燃油滤清器堵塞 ❺ 燃油压力调节器故障 ❻ 燃油油质差 ❼ 燃油管路变形 例如当喷油器雾化不良、滴漏时，相应气缸的混合气混合不良，以致燃烧不良，各气缸功率不同，造成发动机怠速不稳。另外还会使氧传感器产生低电位信号，ECU 会根据此信号加浓混合气，一旦增加的燃油量超出了设定的调节极限，ECU 就会误认为氧传感器故障并记录故障码 （4）机械部分 ❶ 凸轮轴、凸轮严重磨损，加之磨损不一致，使各气缸功率不同 ❷ 正时链条（带）松动或磨损，导致配气相位失准 ❸ 气门相关部件失常，如气门推杆磨损、弯曲，气门卡死、漏气，气门弹簧折断和气门密封件损坏等 ❹ 气缸垫烧蚀或损坏 ❺ 活塞环端隙过大，活塞环对口、断裂 ❻ 气缸磨损过度

续表

续表

故障原因	（5）其他电路部分 　　主要指与进气供给系统、点火系统、燃油系统等相关的电源电路或控制电路有接触不良的故障。通常会瞬间供油不足或点火不良，使各气缸内混合气燃烧不正常，从而使各缸功率不同。例如发动机 ECU 搭铁不良，电源电压超过 16V，都会引起发动机故障
故障诊断	（1）发动机怠速抖动故障的检测步骤 ❶ 启动发动机后，检查发动机故障警告灯是否熄灭 ❷ 警告灯不熄灭的，根据故障码检查故障原因和部位；警告灯熄灭，确定怠速匹配设定 ❸ 检查是否缺缸，分缸线是否正确，接插件连接是否可靠 ❹ 检查怠速执行装置是否正常 ❺ 根据氧传感器信号电压判断怠速混合气过浓还是过稀。过浓，检测系统油压和各传感器是否正常，检查活性炭罐是否工作正常，检查燃油系统执行器是否工作正常，检查点火系统是否工作正常。过稀，检测点火系统是否正常，检测系统油压是否正常，检查真空管是否漏气，检测各传感器是否正常，检查喷油器、EGR 阀、气缸压力是否正常 ❻ 检查发动机支架及缓冲橡胶垫是否损坏 （2）发动机怠速抖动故障排除 对电控系统怠速不稳故障的各种原因进行分析，并做以下检查： ❶ 进行断缸试验 当拔掉 1 缸高压线时，发动机转速反而增加；拔掉 4 缸高压线时，发动机无明显反应；拔下 2、3 缸高压线时，转速均有下降。拆下 4 只火花塞，发现 1、4 缸火花塞中心电极均有烧蚀，更换全部火花塞后，启动发动机，怠速略有好转 ❷ 检查进气系统 如果没有发现漏气现象，可将怠速阀拆下来检查，并用清洗剂把怠速通道和阀清洗装回，试车。此时若还是没有解决问题，而发动机加速正常，加之用仪器未读出故障码，则认为不可能是电路或 ECU 故障造成的，燃油系统应该也没有问题 ❸ 再次仔细分析该故障原因 认为是进气系统有多余的进气量造成的。可考虑是不是废气再循环阀出问题。拔下废弃再循环阀上的真空管，发动机没有变化，进一步拆下废弃再循环阀，可见废弃再循环阀内有积垢，阀关闭不严，造成废气一直进入进气系统参与燃烧，致使发动机怠速不稳。更换新件试车，一切正常，故障排除

1.1.2 怠速控制系统故障诊断与排除

怠速转速由节气门电控系统控制。节气门电控系统由以下部件构成：

① 一个单阀节气门体；

② 节气门执行器，用以操控节气门；

③ 节气门位置传感器，用以检测节气门的开度；

④ 油门踏板位置传感器，用以检测油门踏板位置；

⑤ ECM，用以控制节气门电控系统。ECM 根据目标怠速转速，控制节气门执行器，以提供正确的节气门开度。

检查程序如下。

注意：如果节气门未完全关闭（例如，油门踏板可能因被地毯勾住而被略微压下），可能会导致 ECM 设置 DTC P0505。

（1）使用智能检测仪读取定格数据

存储 DTC 时，ECM 将车辆和驾驶条件信息记录为定格数据。进行故障排除时，定格数据有助于确定故障出现时车辆是运行还是停止、发动机是暖机还是冷机、空燃比是稀还是浓，以及其他数据。

（2）检查是否有其他故障码输出

如果输出 DTC P0505，则检查 PCV 软管连接。

（3）检查 PCV 软管连接

异常，则维修或更换 PCV 软管。

（4）检查进气系统

检查进气系统是否存在真空泄漏（图 1-1-1）。

异常，则维修或更换进气系统。

（5）检查节气门

① 检查节气门控制电动机的工作声音：将点火开关置于 ON 位置；踩下油门踏板时，检查电动机的工作声音。确保电动机没有摩擦噪声。如果有摩擦噪声，则更换节气门体。

② 检查节气门位置传感器

a. 将智能检测仪连接到 DLC3。

b. 将点火开关置于 ON 位置并开启检测仪。

c. 选择以下菜单项：Powertrain / Engine and ECT / Data List / Throttle Position。

d. 节气门全开时，检查并确认 "Throttle Position" 值在规定范围内。

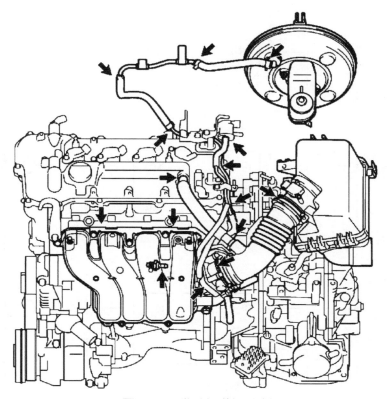

图 1-1-1　发动机进气系统

注意：检查标准节气门开度百分比时，换挡杆应在 N 位置。

标准节气门开度：60% 或更高。如果小于 60%，则更换节气门体。

（6）检查点火线圈及火花塞

点火系统电路如图 1-1-2 所示。

① 车上检查：检查线圈温度。

提示：在本部分内容中，"冷态"和"热态"指的是线圈温度。"冷态"指 -10～50℃，"热态"指 50～100℃。

② 执行点火线圈和火花测试

a. 检查 DTC。

如果存在 DTC，根据该 DTC 对应的程序进行故障排除。

b. 检查是否有火花。

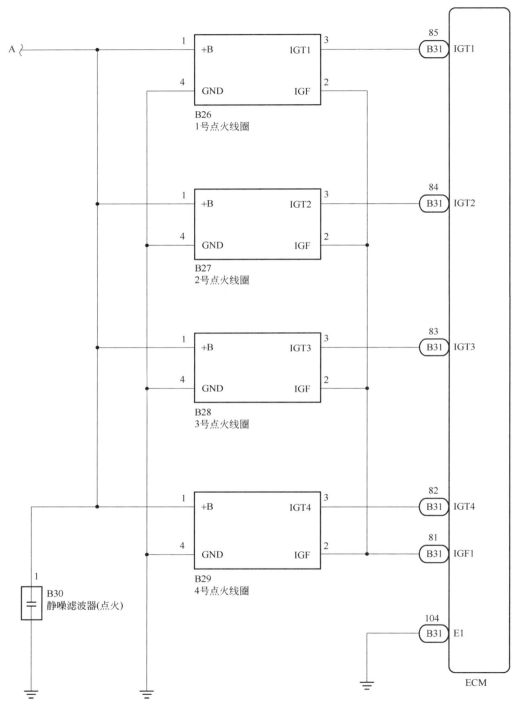

图 1-1-2 点火系统电路图

拆下4个点火线圈和4个火花塞。

断开4个喷油器连接器（图1-1-3）。

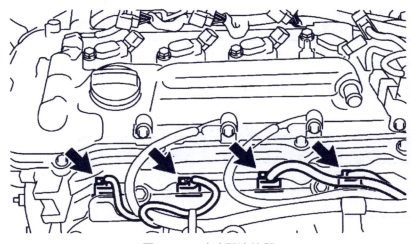

图1-1-3 喷油器连接器

将火花塞安装到各点火线圈上，并连接点火线圈连接器。

将火花塞搭铁。

检查并确认发动机启动过程中出现火花。

小心：检查时更换任何已受物理碰撞影响的点火线圈；不要使发动机启动超过2s。

如果没有出现火花，执行以下程序。

c. 检查并确认带点火器的点火线圈的线束侧连接器连接牢固。

检查结果及相应操作见表1-1-2。

表1-1-2 检查结果（1）

结果	操作
异常	将连接器连接牢固
正常	转至下一步

d. 对每个带点火器的点火线圈进行火花测试。检查结果及相应操作见表1-1-3。

表 1-1-3　检查结果（2）

结果	操作
异常	更换带点火器的点火线圈
正常	转至下一步

e. 检查火花塞。

检查结果及相应操作见表 1-1-4。

表 1-1-4　检查结果（3）

结果	操作
异常	更换火花塞
正常	转至下一步

f. 检查并确认带点火器的点火线圈有电源。

- 将点火开关置于 ON 位置。
- 检查并确认点火线圈正极（+）端子处有蓄电池电压。

检查结果及相应操作见表 1-1-5。

表 1-1-5　检查结果（4）

结果	操作
异常	检查点火开关和带点火器的点火线圈之间的配线
正常	转至下一步

g. 检查曲轴位置传感器的电阻。

检查结果及相应操作见表 1-1-6。

表 1-1-6　检查结果（5）

结果	操作
异常	更换曲轴位置传感器
正常	转至下一步

h. 检查来自 ECM 的 IGT（点火信号）。

检查结果及相应操作见表 1-1-7。

表 1-1-7　检查结果（6）

结果	操作
异常	检查 ECM
正常	维修点火线圈和 ECM 间的线束

i. 连接 4 个喷油器连接器。

j. 安装 4 个点火线圈和 4 个火花塞。

③ 检查火花塞

小心：

- 清洗时不要使用钢丝刷。
- 不要调整旧火花塞的电极间隙。

a. 电极检查法。

用兆欧表测量绝缘电阻（图 1-1-4）。

标准电阻：10 MΩ 或更大。

视频讲解

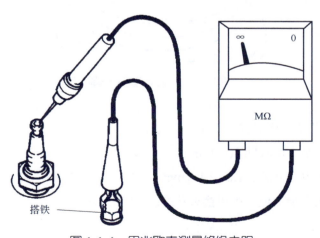

图 1-1-4　用兆欧表测量绝缘电阻

提示：

- 如果结果不符合规定，用火花塞清洁器清洁火花塞并再次测量电阻。
- 如果没有兆欧表，则可用下述简单检查代替。

b. 替代检查法。

将发动机迅速加速到 4000r/min，重复操作 5 次。

拆下火花塞。

目视检查火花塞（图 1-1-5）。如果电极干燥，则火花塞正常工作。如果电极潮湿，则转至下一步。

检查火花塞的螺纹和绝缘垫是否损坏。如果有任何损坏，则更换火花塞。

视频讲解

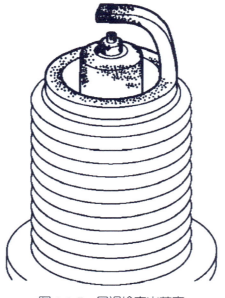

图 1-1-5　目视检查火花塞

④ 检查火花塞电极间隙（图 1-1-6）。

旧火花塞的最大电极间隙：1.3mm。

新火花塞的电极间隙：1.0～1.1 mm。

如果间隙大于最大值，则更换火花塞。

⑤ 清洁火花塞。

如果电极上有湿炭的痕迹，用火花塞清洁器清洁并进行干燥。

空气压力：588kPa。

持续时间：20s 或更短。

提示：仅当电极上没有机油时，使用火花塞清洁器。如果电极上有机油痕迹，在使用火花塞清洁器之前用汽油洗掉机油。

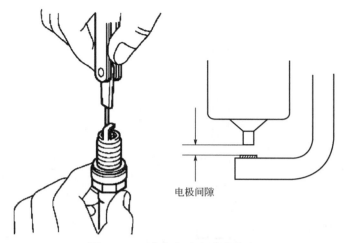

图 1-1-6　检查火花塞电极间隙

（7）检查燃油系统

燃油系统电路图如图 1-1-7 所示。

① 检查燃油泵工作情况

a. 连接电脑诊断仪。

b. 将点火开关置于 ON 位置，并接通智能检测仪的主开关。

小心：不要启动发动机。

c. 从燃油管路中检查燃油进油管中的压力。检查并确认能听到燃油在进油管中流动的声音。如果听不到声音，则检查集成继电器、燃油泵、ECM 和配线连接器。

② 检查燃油是否泄漏

a. 进行保养后检查并确认燃油系统任何部位均无燃油泄漏。如果燃油泄漏，维修或更换零件。

b. 将点火开关置于 OFF 位置。

c. 断开电脑诊断仪。

③ 检查燃油压力

a. 将燃油系统卸压。

注意：拆下任何燃油系统零件之前，执行以下程序以防止燃油溅出；即使执行以下程序之后，压力仍保留在燃油管路内；断开燃油管路时，用抹布或一块棉布盖住，以防燃油喷出或涌出。

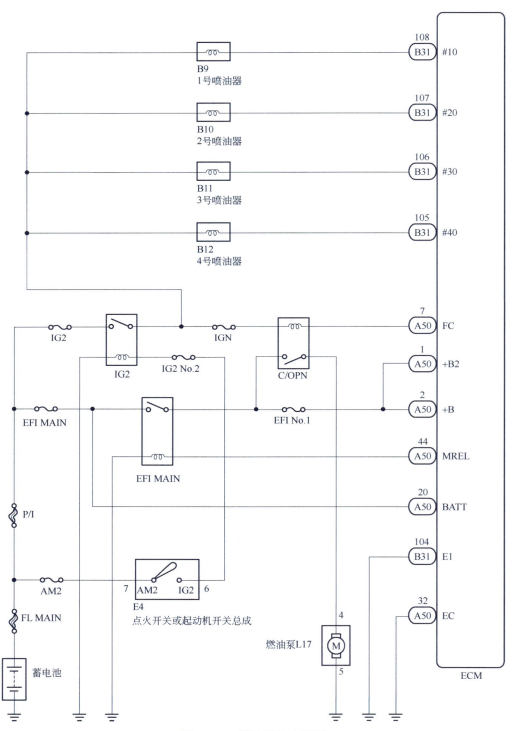

图 1-1-7 燃油系统电路图

- 拆下后排座椅坐垫总成。
- 拆下后地板检修孔盖。
- 从燃油泵总成上断开连接器。
- 启动发动机。在发动机自然停止后,将点火开关置于 OFF 位置。

小心:在等待发动机自然停止时,不要提高发动机转速或行驶车辆。

- 再次启动发动机,确认发动机不启动。
- 拆下燃油箱盖并释放燃油箱中的压力。
- 从蓄电池负极端子断开电缆。
- 连接燃油泵总成连接器(图 1-1-8)。

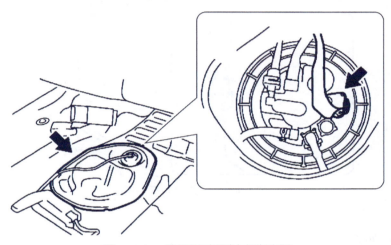

图 1-1-8　连接燃油泵总成连接器

b. 根据表 1-1-8 中的值用电压表测量蓄电池电压。

表 1-1-8　标准电压

检测仪连接	条件	规定状态 /V
正极端子—负极端子	点火开关置于 OFF 位置	11～14

c. 接下来执行以下步骤。

- 从蓄电池负极(-)端子上断开电缆。
- 从主燃油管上断开燃油软管。
- 安装燃油压力表(图 1-1-9)。

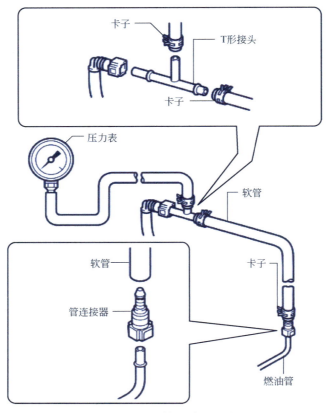

图 1-1-9　安装燃油压力表

- 擦掉外泄汽油。
- 将电缆连接到蓄电池负极（-）端子上。
- 连接电脑诊断仪。
- 测量燃油压力。

燃油压力：一般为 250kPa，部分车型可达到 304～343kPa。

如果燃油压力大于标准值，更换燃油压力调节器；如果燃油压力小于标准值，检查燃油软管的连接情况、燃油泵、燃油滤清器和燃油压力调节器。

- 取下电脑诊断仪。
- 启动发动机。测量怠速时的燃油压力。
- 关闭发动机。
- 检查并确认燃油压力在发动机停止后能按规定持续 5min。

燃油压力：147kPa 或更高。如果燃油压力不符合规定，则检查燃油泵或喷油器。

- 检查完燃油压力后，从蓄电池负极（-）端子上断开电缆，然后小心地拆下SST，以防汽油溅出。
- 将燃油管重新连接到主燃油管上（燃油管连接器）。
- 将燃油管卡夹安装到燃油管连接器上。
- 检查燃油是否泄漏。

1.2 发动机动力不足、加速无力

1.2.1 发动机动力不足、加速无力故障分析

发动机动力不足、加速无力故障分析见表1-2-1。

表1-2-1 发动机动力不足、加速无力故障分析

故障现象	（1）电喷发动机动力不足 发动机无负荷运转时基本正常，但带负荷运转时加速缓慢，上坡无力。加速踏板踩到底仍感到动力不足，转速不高，达不到最高转速 （2）电喷发动机加速不良 踩下加速踏板后发动机转速不能马上升高，有迟滞现象，或在加速过程中发动机有轻微的波动
故障原因	❶进气管漏气导致混合气过稀 ❷燃油压力低，喷油器、燃油滤清器堵塞导致喷油量少或油量增加迟缓 ❸空气流量计、进气歧管绝对压力传感器、节气门位置传感器等信号失常，导致喷油量不增加或增加量少 ❹传感器信号失常导致点火正时失准，点火过迟 ❺火花塞、点火器或高压线不良导致高压火花弱 ❻节气门体脏污 ❼废气再循环系统工作不良 ❽排气管堵塞 ❾气缸压力偏低 ❿涡轮增压系统故障

视频讲解

续表

故障诊断	（1）结合发动机出现的具体症状进行初步判断 踩下加速踏板后，发动机转速略有波动而后立即上升，且能较长时间维持高速运转。这种情况通常是在加速瞬间出现了断火现象，故障在点火系统，应首先检查点火系统 踩下加速踏板后，发动机转速不能立即上升反而下降，并有熄火征兆，且很难提升到高速。这种情况多为混合气过稀及高压火花弱所致，也可能是排气管堵塞，其中以混合气过稀最为常见。此时，可在空气滤清器处或利用真空管向进气系统内喷人清洗剂（主要成分是汽油，起加浓混合气的作用），同时迅速开启节气门。若此时发动机转速可迅速提高则说明混合气过稀 如果提高转速易熄火，且有时进气管回火，有时排气管放炮，则很可能为高压火花弱、加速断火，也可能为点火错乱。点火错乱引起加速时回火、放炮，同时怠速时发动机发抖，排气管有"突突"声，甚至怠速时放炮。如果怠速运转平稳，加速时回火、放炮，通常是由高压火花弱或断火引起的 （2）发动机加速无力故障诊断分析 如果发动机加速无力而又没有特别明显的症状特点，通常按下列程序进行诊断： ❶ 使用故障诊断仪读取故障码及相关数据流 按故障码提示和动态数据查找故障原因。重点检查发动机加速过程中，空气流量计、进气压力传感器、节气门位置传感器、加速踏板位置传感器、喷油脉宽、点火提前角等的动态变化 ❷ 检查进气系统 重点检查真空管及进气软管卡箍部位有无破损。可利用真空表检测进气歧管真空度，尤其是节气门开度增大时的真空度变化情况 ❸ 检查节气门体 若有积炭脏污，应进行清洗 注意：清洗、装复节气门体后，必须使用诊断仪进行匹配设定（自适应） ❹ 用正时仪或故障诊断仪检查点火正时 主要是检查发动机怠速时的点火提前角及其在踩下加速踏板过程中的变化情况。怠速时点火提前角一般在 10°～15°，加速时应加大到 20°～30°。如有异常，应检查调整发动机的初始点火提前角及其控制系统 ❺ 测量点火线圈 如点火线圈有漏电痕迹，应更换。拆检各缸火花塞，检查其间隙及电极烧损情况，视情况调整间隙或更换火花塞。用火花塞搭铁试火，观察火花能量，必要时可用点火示波器检查点火波形和点火能量

续表

故障诊断	❻ 检查燃油压力 通常怠速时燃油压力应为250kPa左右，加速时应上升至300kPa左右（有些车型发动机燃油压力较高，具体数据参照原车维修手册）。如油压过低，需检查油压调节器、燃油滤清器、燃油泵等 ❼ 用气缸压力表检测气缸压缩压力 压力降低会导致发动机动力性下降。气缸压缩压力一般为1.1～1.3MPa，若实测值低于标准值，应检查并确定漏气部位，视情况判断是否需要拆检发动机 ❽ 检查喷油器的喷油量 可利用故障诊断仪检测喷油器的喷油脉宽或喷油量，尤其是加速时的喷油量（注意喷油器喷油量与各传感器信号的匹配情况）。拆卸各缸喷油器，检查有无堵塞或卡滞现象，视情况清洗或更换喷油器 ❾ 检查废气再循环系统 检查废气再循环系统的工作情况是否正常 ❿ 检查排气管 检查排气管是否有堵塞现象 ⓫ 检查增压装置 带有涡轮增压系统的发动机，要检查增压装置工作是否正常 ⓬ 检查发动机控制单元 重点检查插接器及导线，若怀疑控制单元损坏，通常采用换件试验法进行故障确认 视频讲解

1.2.2 检查及排除故障

（1）检查发动机正时（图1-2-1）

① 凸轮轴链轮的标记板（橙色）和正时链标记对准。

提示：

● 确保标记板位于发动机前侧。

● 凸轮轴侧的标记板为橙色。

② 曲轴正时齿轮标记板（黄色）和正时链标记对准。

（2）检查压缩压力

① 暖机并停止发动机。

② 拆下气缸盖罩。

③ 拆下4个点火线圈。

④ 拆下 4 个火花塞。

⑤ 断开 4 个喷油器连接器。

⑥ 检查气缸压缩压力

a. 将压力表插入火花塞孔。

b. 节气门全开。

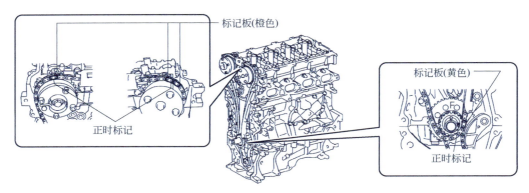

图 1-2-1 检查发动机正时标记

c. 发动机运转时,测量压缩压力(图 1-2-2)。

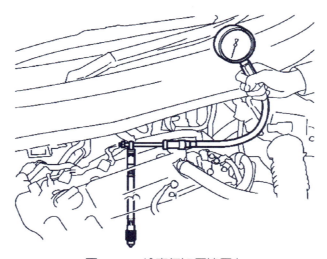

图 1-2-2 检查气缸压缩压力

压缩压力:1373 kPa。

最小压力:1079 kPa。

各气缸间的差异：98 kPa 或更低。

小心：
- 使用完全充电的蓄电池，以使发动机转速能提高到 2500r/min 或更高。
- 用同样的方法检查其他气缸。
- 在尽可能短的时间内测量压缩压力。

提示：
- 如果气缸压缩压力偏低，通过火花塞孔往气缸中注入少量的发动机机油并再次检查。
- 如果添加机油后压力增大，则活塞环和/或缸径可能磨损。
- 如果压力继续偏低，气门可能卡滞或未正确就位，或可能从衬垫漏气。

⑦ 连接 4 个喷油器连接器。
⑧ 安装 4 个火花塞。
⑨ 安装 4 个点火线圈。扭矩：10N·m。
⑩ 安装气缸盖罩。

1.3 发动机不能启动

1.3.1 发动机不能启动故障分析

发动机不能启动故障分析见表 1-3-1。

表 1-3-1　发动机不能启动故障分析

故障现象	发动机不能启动
故障原因	❶ 发动机控制单元故障 ❷ 发动机控制单元线束插接器接触不良、断路或短路
故障诊断	❶ ECM 持续监控其内部存储器的状态、内部电路和发送至节气门执行器的输出信号。这种自检可以确保 ECM 正常工作。如果检测出任何故障，ECM 会设置相应的 DTC 并亮起 MIL。ECM 存储器状态由主 CPU 和副 CPU 的内部"镜像"功能进行诊断，以检测随机存储器（RAM）故障。这两个 CPU 也持续地进行相互监控 如果发生以下情况，则 ECM 使 MIL 亮起并设置一个 DTC： a. 两个 CPU 的输出不同或与标准有偏差 b. 发送至节气门执行器的信号与标准有偏差

故障诊断	c. 节气门执行器供电电压出现故障 d. 发现其他 ECM 故障 ❷ 使用电脑诊断仪读取定格数据。存储 DTC 时，ECM 将车辆和驾驶条件信息记录为定格数据。进行故障排除时，定格数据有助于确定故障出现时车辆是运行还是停止、发动机是暖机还是冷机、空燃比是稀还是浓，以及其他数据

1.3.2 电路分析

（1）说明

当点火开关置于 ON 位置时，蓄电池电压被施加到 ECM 的端子 IGSW（点火开关）上。ECM 的端子 MREL 的输出信号使电流流向线圈，闭合集成继电器（EFI MAIN 继电器）触点并向 ECM 的端子 +B 或 +B2 供电。

（2）发动机ECM电路图（图1-3-1）

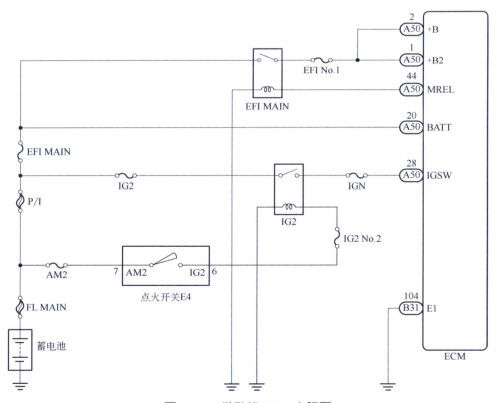

图 1-3-1　发动机 ECM 电路图

（3）检查流程

① 检查线束和连接器（ECM-车身搭铁）

a. 断开 ECM 连接器。

b. 根据图 1-3-2 和表 1-3-2 中的值测量电阻。

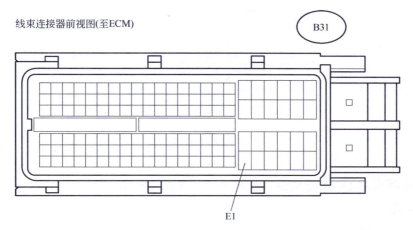

图 1-3-2　ECM 线束连接器（1）

表 1-3-2　标准电阻（1）

检测仪连接	条件	规定状态 /Ω
B31-104（E1）—车身搭铁	始终	小于 1

c. 重新连接 ECM 连接器。

如果异常，则维修或更换线束或连接器（ECM-车身搭铁）。如果正常，则执行下一步。

② 检查 ECM（IGSW 电压）

a. 断开 ECM 连接器。

b. 将点火开关置于 ON 位置。

c. 根据图 1-3-3 和表 1-3-3 中的值测量电压。

表 1-3-3　标准电压（1）

检测仪连接	开关状态	规定状态 /V
A50-28（IGSW）—车身搭铁	点火开关置于 ON 位置	11～14

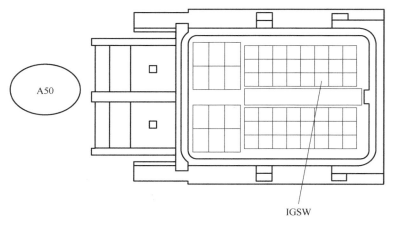

图 1-3-3　ECM 线束连接器（2）

d. 重新连接 ECM 连接器。如果电压异常，则检查 IGN 熔丝。如果正常，则执行下一步。

③ 检查 EFI MAIN 熔丝

a. 从发动机室继电器盒上拆下 EFI MAIN 熔丝。

b. 根据图 1-3-4 和表 1-3-4 中的值测量电阻。

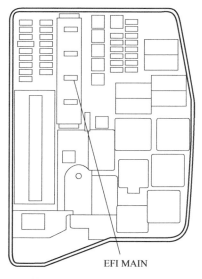

图 1-3-4　EFI MAIN 熔丝

表 1-3-4　标准电阻（2）

检测仪连接	条件	规定状态/Ω
EFI MAIN 熔丝	始终	小于 1

c. 重新安装 EFI MAIN 熔丝。如果异常，则更换 EFI MAIN 熔丝。如果正常，执行下一步。

④ 检查 EFI No.1 熔丝

a. 从发动机室继电器盒上拆下 EFI No.1 熔丝。

b. 根据图 1-3-5 和表 1-3-5 中的值测量电阻。

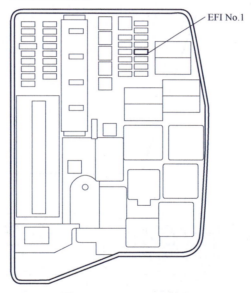

图 1-3-5　EFI No.1 熔丝

表 1-3-5　标准电阻（3）

检测仪连接	条件	规定状态/Ω
EFI No.1 熔丝	始终	小于 1

c. 重新安装 EFI No.1 熔丝。如果异常，则更换 EFI No.1 熔丝。如果正常，执行下一步。

⑤ 检查 EFI MAIN 集成继电器

a. 从发动机室继电器盒上拆下集成继电器。
b. 断开集成继电器连接器。
c. 根据图 1-3-6 和表 1-3-6 中的值测量电阻。

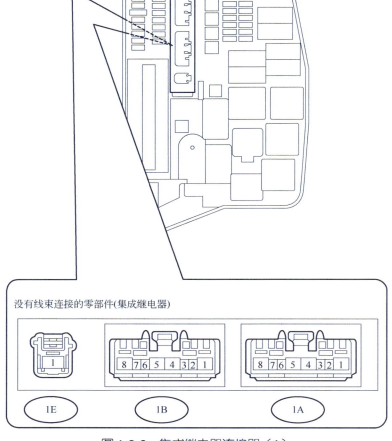

图 1-3-6　集成继电器连接器（1）

表 1-3-6　标准电阻（4）

检测仪连接	条件	规定状态
1E-1—1B-4	始终	10kΩ 或更大
	始终	小于 1Ω （向端子 1B-2 和 1B-3 施加蓄电池电压）

d. 重新连接集成继电器连接器。

e. 重新安装集成继电器。

如果异常，则更换集成继电器。如果正常，执行下一步。

⑥ 检查线束和连接器（EFI MAIN 集成继电器 -EFI No.1 熔丝）

a. 从发动机室继电器盒上拆下集成继电器。

b. 断开集成继电器连接器。

c. 从发动机室继电器盒上拆下 EFI No.1 熔丝。

d. 根据图 1-3-7 和表 1-3-7、表 1-3-8 中的值测量电阻。

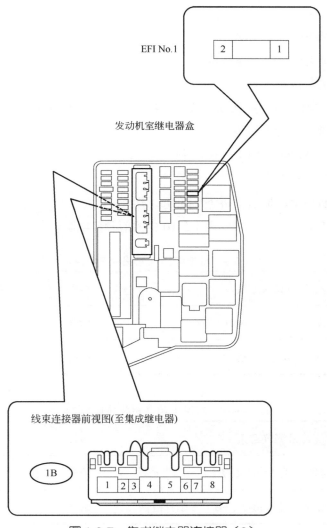

图 1-3-7　集成继电器连接器（2）

表 1-3-7　标准电阻（断路检查）（1）

检测仪连接	条件	规定状态／Ω
1B-4—1（EFI No.1 熔丝）	始终	小于 1

表 1-3-8　标准电阻（短路检查）（1）

检测仪连接	条件	规定状态
1B-4 或 1（EFI No.1 熔丝）—车身搭铁	始终	10kΩ 或更大

e. 重新安装 EFI No.1 熔丝。

f. 重新连接集成继电器连接器。

g. 重新安装集成继电器。

如果异常，则维修或更换线束或连接器（EFI MAIN 集成继电器 -EFI No.1 熔丝）。如果正常，执行下一步。

⑦ 检查线束和连接器（EFI No.1 熔丝 -ECM）

a. 断开 ECM 连接器。

b. 从发动机室继电器盒上拆下 EFI No.1 熔丝。

c. 根据图 1-3-8 和表 1-3-9、表 1-3-10 中的值测量电阻。

表 1-3-9　标准电阻（断路检查）（2）

检测仪连接	条件	规定状态／Ω
2（EFI No.1 熔丝）—A50-1（+B2）	始终	小于 1
2（EFI No.1 熔丝）—A50-2（+B）	始终	小于 1

表 1-3-10　标准电阻（短路检查）（2）

检测仪连接	条件	规定状态
2（EFI No.1 熔丝）或 A50-1（+B2）—车身搭铁	始终	10kΩ 或更大
2（EFI No.1 熔丝）或 A50-2（+B）—车身搭铁	始终	10kΩ 或更大

第1章 发动机疑难杂症 27

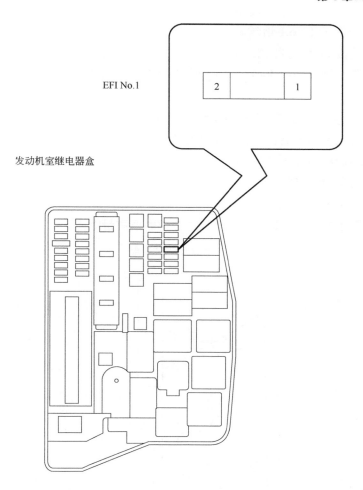

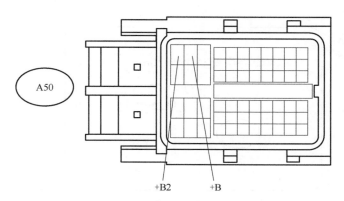

图 1-3-8　ECM 连接器、EFI No.1 熔丝

d. 重新安装 EFI No.1 熔丝。

e. 重新连接 ECM 连接器。

如果异常,则维修或更换线束或连接器(EFI No.1 熔丝 -ECM)。如果正常,执行下一步。

⑧ 检查线束和连接器(EFI MAIN 集成继电器 - 蓄电池)

a. 从发动机室继电器盒上拆下集成继电器。

b. 断开集成继电器连接器。

c. 断开蓄电池负极端子。

d. 断开蓄电池正极端子。

e. 根据图 1-3-9 和表 1-3-11、表 1-3-12 中的值测量电阻。

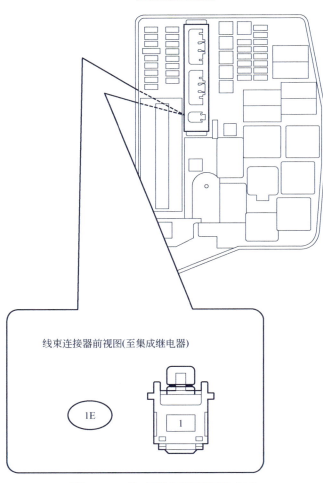

图 1-3-9　集成继电器连接器(3)

表 1-3-11　标准电阻（断路检查）(3)

检测仪连接	条件	规定状态 / Ω
1E-1—蓄电池正极端子	始终	小于 1

表 1-3-12　标准电阻（短路检查）(3)

检测仪连接	条件	规定状态
1E-1 或蓄电池正极端子—车身搭铁	始终	10kΩ 或更大

f. 重新连接集成继电器连接器。

g. 重新安装集成继电器。

h. 重新连接蓄电池正极端子。

i. 重新连接蓄电池负极端子。

如果异常，则维修或更换线束或连接器（EFI MAIN 集成继电器 - 蓄电池）。如果正常，执行下一步。

⑨ 检查线束和连接器（EFI MAIN 集成继电器 - 车身搭铁）

a. 从发动机室继电器盒上拆下集成继电器。

b. 断开集成继电器连接器。

c. 根据图 1-3-10 和表 1-3-13 中的值测量电阻。

表 1-3-13　标准电阻（5）

检测仪连接	条件	规定状态 / Ω
1B-3—车身搭铁	始终	小于 1

d. 重新连接集成继电器连接器。

e. 重新安装集成继电器。

如果异常，则维修或更换线束或连接器（EFI MAIN 集成继电器 - 车身搭铁）。如果正常，执行下一步。

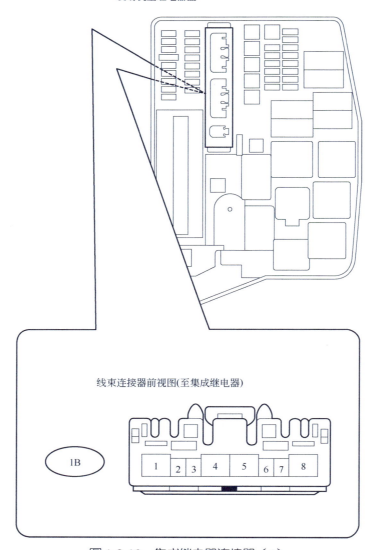

图 1-3-10 集成继电器连接器（4）

⑩ 检查线束和连接器（EFI MAIN 集成继电器 -ECM）

a. 断开 ECM 连接器。

b. 从发动机室继电器盒上拆下集成继电器。

c. 断开集成继电器连接器。

d. 根据图 1-3-11 和表 1-3-14、表 1-3-15 中的值测量电阻。

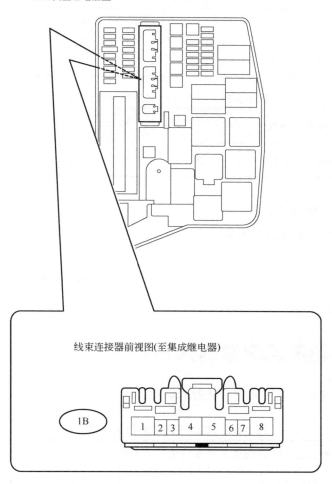

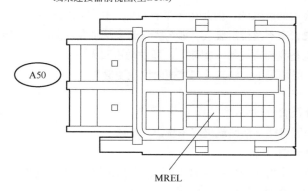

图 1-3-11　ECM 连接器及集成继电器连接器

表 1-3-14　标准电阻（断路检查）(4)

检测仪连接	条件	规定状态/Ω
1B-2—A50-44（MREL）	始终	小于 1

表 1-3-15　标准电阻（短路检查）(4)

检测仪连接	条件	规定状态
1B-2 或 A50-44（MREL）—车身搭铁	始终	10kΩ 或更大

e. 重新安装集成继电器。

f. 重新连接集成继电器连接器。

g. 重新连接 ECM 连接器。

如果异常，则维修或更换线束或连接器（EFI MAIN 集成继电器 -ECM）。如果正常，则更换 ECM。

1.4　发动机加速时回火

发动机加速时回火故障分析见表 1-4-1。

表 1-4-1　发动机加速时回火故障分析

故障现象	发动机进气管回火，汽车行驶动力不足
故障分析	一般发动机正常运行，主要分为四个步骤：进气、压缩、做功、排气 发动机回火，通俗地说，就是气缸内活塞做功以后，应该是从排气管排出燃烧后的废气的，但是由于某种故障，排气门已经关闭，废气无法排出，或者说，来不及排出废气。那么废气就会从缸盖和曲轴箱、节气门等地方排出，也就是我们常说的"倒灌"，即发动机回火 一般情况下，松开油门减速时回火更频繁
故障原因	❶ 混合气过稀 原因可能是油路或进气系统出现故障 ❷ 油路故障 主要是由喷油器喷油过少所致，造成喷油器喷油过少的原因是油压过低、喷油器堵塞

续表

故障原因	❸ 进气系统故障 主要是由于进气量过多所致，造成进气量过多的原因是控制进气量的传感器失效、进气歧管漏气 ❹ 点火系统问题 主要是由高压线电阻过大、点火线圈损坏、电源电压不足以及火花塞故障等造成的点火能量不足 ❺ 密封问题 进气门密封不严导致气缸压缩压力不足
故障诊断	❶ 首先排除外部线路连接松动、进气歧管漏气、真空管脱落等故障 ❷ 若有故障码，根据故障码检修元件 ❸ 若无故障码，检修点火系统，将高压线对缸体试火，检查点火能量是否不足，检查火花塞，观察电极颜色是否正常，电极间隙是否为1.0mm。若正常，进行下一步 ❹ 检查燃油系统燃油压力，检查喷油器。若正常，进行下一步 ❺ 检查气缸压缩压力，压力应不低于标准的80% 验证排除效果： 修理后，启动发动机，改变发动机转速，在中速、高速及急加速状态下，发动机应运转平稳，提速反应灵敏。进行路试，应加速性能良好，有力

1.5 发动机爆震

1.5.1 发动机爆震故障分析

发动机爆震故障分析见表1-5-1。

表1-5-1 发动机爆震故障分析

故障现象	发动机发出轻微或严重的金属敲击声，通常在加速条件下更加明显。爆震一般是由进气温度过高以及点火提前角过大造成的
故障原因	无论是汽油机还是柴油机，工作原理都是吸入混合燃气（柴油机吸入的是空气）—压缩—燃烧做功—排气，这四个冲程的作用实现发动机周而复始的运转。当发动机吸入燃油蒸气与空气的混合物后，在压缩行程还未到达设计的点火位置时，种种控制之外的因素却导致燃气混合物自行点火燃烧。此时，燃烧所产生的巨大冲击力与活塞运动的方向相反，引起发动机震动，这种现象称为爆震 爆震又分为有感爆震与无感爆震两种：有感爆震通常会引起发动机抖动，甚至车身也明显地发生抖动；无感爆震主要的表现是发动机噪声加大

续表

故障诊断	❶ 检查发动机是否明显过热，若是则先查明原因（发动机过热有许多关联原因，注意分析） ❷ 检查是否由点火系统的故障造成发动机爆震。如果点火提前角过大，就会造成混合气的燃烧速度过快，从而导致发动机爆震燃烧。造成点火提前角过大的原因有以下几点：曲轴位置传感器安装错位（或松旷）、正时皮带安装错齿、动力控制模块的运行程序出现故障、空气流量传感器检测的进气量过小、爆震传感器反应迟钝等 ❸ 检查燃油系统的压力是否过低。如果燃油系统的压力过低，造成混合气过稀，这样混合气的燃烧速度将下降，那么混合气燃烧后通过气缸壁传到冷却液中的热量增加，导致发动机温度过高。而发动机温度过高，容易产生爆震燃烧 ❹ 检查燃油是否受到污染。汽油的标号（即辛烷值）越低，汽油的抗爆能力就越差，使用这种汽油作为燃料时，发动机就越容易产生爆震燃烧。另外，如果标号比较高的汽油中掺入了杂质，也会造成汽油的抗爆震能力下降 ❺ 检查是否由发动机冷却系统的故障造成发动机爆震。发动机实际工作温度的高低取决于单位时间内混合气燃烧所产生的热量和散热系统散发出的热量，如果冷却系统有故障，就会使前者大于后者，发动机的温度就会越来越高，产生爆震燃烧的倾向就越来越大 ❻ 检查气缸的压力是否过高。如果气缸的压力过高，混合气的燃烧速度就提高，发动机产生爆震燃烧的可能性就增大。而造成气缸压力过高的原因是气缸盖、活塞或气缸垫型号不对等改变了气缸的工作容积大小，改变了气缸的缸压 ❼ 检查发动机燃烧室内的积炭是否过多。如果气缸内积存了大量的积炭，在气缸压缩过程中，积炭所形成的炽热点就可能提前点燃混合气，造成气缸内的压力在进一步压缩过程中突然增大，出现爆震燃烧。形成积炭的原因有以下几点：混合气过浓、点火能量较低、汽油的质量较差、发动机因某种原因烧机油等，可分别检查 ❽ 检查 EGR 系统工作是否正常。如果在废气再循环系统工作的范围内，该系统出现故障而无法使废气进入气缸参与燃烧，必将造成混合气燃烧温度上升，从而使发动机过热，容易出现爆震燃烧现象 ❾ 检查火花塞的应用和热值范围是否正确

1.5.2 电路分析

说明：平面型爆震传感器（非谐振型）的结构可以检测较宽频带内的振动，频率范围为 6 ～ 15kHz。

爆震传感器安装在发动机缸体上，用于检测发动机爆震。爆震传感器包含一个压电元件，它在变形时产生电压。如在发动机缸体因爆震而振动时，就会产生电压。

故障症状见表 1-5-2。

表 1-5-2　故障症状

DTC 号	DTC 检测条件	故障部位
P0327	爆震传感器的输出电压为 0.5V 或更低（单程检测逻辑）	爆震传感器电路（短路） 爆震传感器 ECM
P0328	爆震传感器的输出电压为 4.5V 或更高（单程检测逻辑）	爆震传感器电路（断路） 爆震传感器 ECM

设置 DTC P0327 和 P0328 中的任一个时，ECM 进入失效保护模式。在失效保护模式时，点火正时推迟至其最大延迟时间。失效保护模式一直持续到点火开关置于 OFF 位置为止。使用示波器进行检查，正常波形如图 1-5-1 和表 1-5-3 所示。

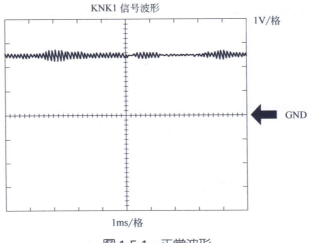

图 1-5-1　正常波形

表 1-5-3　调整示波器参数

项目	内容
端子	KNK1—EKNK
设备设置	1V/格 1ms/格
条件	发动机暖机后，将其转速保持在 4000r/min

（1）控制逻辑

爆震与点火时刻有密切关系。一般而言，点火提前角越大，就越易产生爆震，推迟点火时刻对消除爆震有明显的作用。

电子控制单元对爆震进行反馈控制时，首先将来自爆震传感器的输入信号进行滤波处理，滤波电路只允许特定范围频率的爆震信号通过，由此达到将爆震信号与其他振动信号分离的作用。此后，电子控制单元将此信号的最大值与爆震强度基准值进行比较，对是否发生爆震及爆震强弱程度作出判断，如信号最大值大于基准值，则表示发生爆震，电控单元推迟点火时刻。

由于发动机工作时振动比较剧烈，为了防止产生错误的爆震判别，电子控制单元对爆震信号的判别不是连续的，只限于发动机点火后可能发生爆震时段的振动信号（图 1-5-2）。

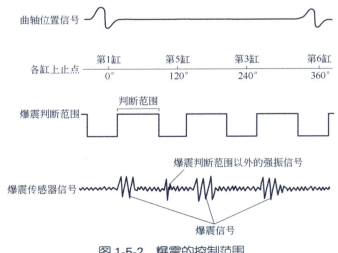

图 1-5-2　爆震的控制范围

电子控制单元通过对反映发动机负荷状况的传感器的输入信号的分析，判断是否对点火提前角进行开、闭环控制。

当发动机的负荷低于一定值时，一般不会发生爆震，此时电子控制单元对点火提前角实行开环控制，电子控制单元只按预置数据及相关传感器的输入信号控制点火提前角的大小。

当发动机的负荷达到一定程度，电子控制单元对点火提前角进行闭环控制。若发动机产生爆震，电子控制单元根据爆震信号的强弱，控制推迟角度的大小。爆震强度大，推迟的角度大；爆震强度弱，推迟的角度小。每一次的反馈控制调整都以固定的角度递减，直到爆震消失为止。当爆震消失后，电子控制单元又以固定的提前角度逐渐增大点火提前角。当再次出现爆震时，电子控制单元再次逐渐减小点火提前角。在闭环控制点火提前角的过程中，此过程是反复进行的（图1-5-3）。

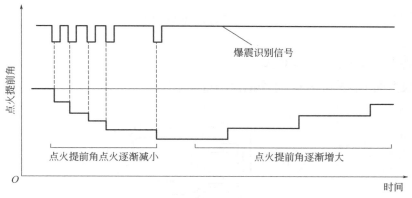

图 1-5-3　点火提前角的闭环控制过程

（1）爆震传感器电路图（图1-5-4）

① 使用电脑诊断仪读取数值（爆震反馈值）。

驾驶车辆时，读取检测仪上显示的值。

正常：数值变化。

通过发动机重载运转可以确定爆震反馈值变化，例如通过激活空调系统和发动机高速空转。

② 检查 ECM（KNK1 电压）

a. 断开爆震传感器连接器。

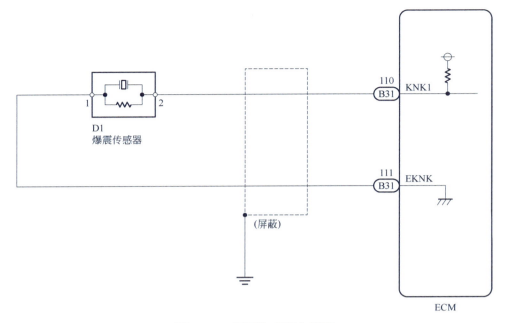

图 1-5-4 爆震传感器电路图

b. 将点火开关置于 ON 位置。

c. 根据图 1-5-5 和表 1-5-4 中的值测量电压。

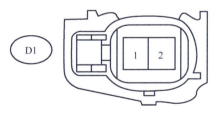

图 1-5-5 爆震传感器连接器

表 1-5-4 标准电压（2）

检测仪连接	开关状态	规定状态 /V
D1-2—D1-1	点火开关置于 ON 位置	4.5～5.5

d. 重新连接爆震传感器连接器。

如果正常，则检查爆震传感器。

③ 检查爆震传感器

a. 拆下爆震传感器。

b. 根据图 1-5-6 和表 1-5-5 中的值测量电阻。

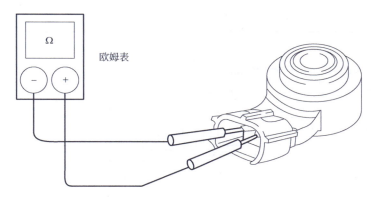

图 1-5-6　爆震传感器

表 1-5-5　标准电阻（6）

检测仪连接	条件	规定状态 /kΩ
2—1	20℃（68℉）	120～280

如果异常，则更换爆震传感器。如果正常，则更换 ECM。

④ 检查线束和连接器（ECM- 爆震传感器）

a. 断开爆震传感器连接器。

b. 断开 ECM 连接器。

c. 根据图 1-5-7 和表 1-5-6、表 1-5-7 中的值测量电阻。

表 1-5-6　标准电阻（断路检查）（5）

检测仪连接	条件	规定状态 /Ω
D1-2—B31-110（KNK1）	始终	小于 1
D1-1—B31-111（EKNK）	始终	小于 1

表 1-5-7　标准电阻（短路检查）(5)

检测仪连接	条件	规定状态
D1-2 或 B31-110（KNK1）—车身搭铁	始终	10kΩ 或更大
D1-1 或 B31-111（EKNK）—车身搭铁	始终	10kΩ 或更大

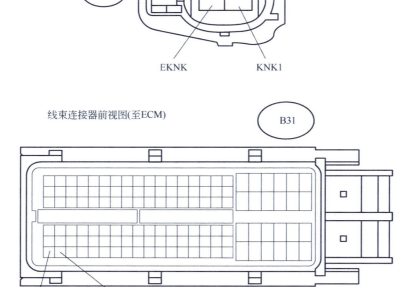

图 1-5-7　爆震传感器连接器、ECM 连接器

d. 重新连接爆震传感器连接器。

e. 重新连接 ECM 连接器。

如果异常，则维修或更换线束或连接器（ECM-爆震传感器）。如果正常，则更换 ECM。

1.6 发动机有油无点火

发动机有油无点火故障分析见表 1-6-1。

表 1-6-1 发动机有油无点火故障分析

故障现象	发动机有油无点火
故障原因	❶ 无电 ❷ 发动机电脑损坏 ❸ 感应线圈损坏 ❹ 电子点火模块损坏 ❺ 高压线圈损坏
故障诊断	❶ 首先排除外部导线连接松动故障 ❷ 打开点火开关后不启动，观察仪表上的故障灯，灯亮，说明电脑供电正常，否则检查电源电路 ❸ 若有故障码，根据故障码检修部件。若无故障码，说明电脑、感应线圈和电子点火模块正常，可能是高压线圈故障 ❹ 用万用表检测点火线圈初级、次级电阻。若正常，则故障在分火头或分电器盖。 　验证排除效果：启动发动机，并改变发动机转速在中速、高速工况，发动机运转平稳，提速反应灵敏，说明故障排除

1.7 发动机不能启动

发动机不能启动故障分析见表 1-7-1。

表 1-7-1 发动机不能启动故障分析

故障现象	发动机不能启动
故障原因	（1）启动系统故障使发动机不能转动或转动太慢，导致发动机无法启动 ❶ 蓄电池存电不足、电极柱夹松动或电极柱氧化严重 ❷ 电路总熔丝断开 ❸ 点火开关故障 ❹ 起动机故障 ❺ 启动线路断路或线路连接器接触不良

续表

故障原因	（2）点火系统故障引起发动机不能启动 ❶ 点火线圈工作不良，造成高压火花弱或没有高压火花 ❷ 点火器故障 ❸ 点火时间不正确 （3）燃油喷射系统故障导致发动机无法启动 ❶ 油箱内没有燃油 ❷ 燃油泵不工作或泵油压力过低 ❸ 燃油管泄漏变形 ❹ 断路继电器断开 ❺ 燃油压力调节器工作不良 ❻ 燃油滤清器过脏 （4）进气系统问题导致发动机无法启动 ❶ 怠速控制阀或其控制线路故障 ❷ 怠速控制阀空气管破裂或接头漏气 ❸ 空气流量计故障 ❹ 节气门故障 （5）ECU故障造成发动机不能启动 （6）传感器故障造成发动机无法启动 视频讲解
故障诊断	（1）若将启动开关转到S位置，发动机不启动 　　检查启动电路，检查熔丝、继电器，检查蓄电池及接线情况，检查启动开关。对于自动变速器的汽车，应检查换挡手柄是否在N位置 （2）若将启动开关转到S位置，只听到起动机发出咔咔声响，发动机仍不转动 ❶ 检查蓄电池电压及接线情况 ❷ 检查起动机的吸拉线圈和保持线圈的工作情况 ❸ 检查发动机是否曲轴抱死 （3）只有起动机空转，发动机不转 　　检查起动机的吸拉线圈和保持线圈、起动机小齿轮及单向离合器的工作情况 （4）若将启动开关转到S位置，发动机转速无力，不能启动（200r/min）则检查蓄电池、起动机 （5）若将启动开关转到S位置，发动机启动，但一松手点火开关回到ON的位置时发动机熄火，则启动开关工作不良 （6）若起动机非常有力地带动发动机运转（超过200r/min），但发动机仍无法启动

续表

故障诊断	❶ 用仪器或自诊断系统检测故障码 ❷ 检查点火电路有无跳火。将火花塞高压线或中央高压线拔出让其离搭铁 5～8mm 处试火。电控发动机首先检查发动机转速传感器、曲轴位置/凸轮轴位置传感器的信号输出及线路情况 ❸ 检查供油系统。检查火花塞润湿情况，润湿则说明油路供油存在故障，若不润湿则检查： ● 汽油泵工作情况，是否通电，油压是否正常 ● 喷油器电路及工作情况是否正常 ● 油路是否畅通，油箱是否有油 ❹ 检查配气正时是否正确 （7）ECU 故障造成发动机不能启动 ❶ 打启动挡，起动机和发动机均不能转动，应按启动系统故障进行检查。检查蓄电池存电情况、极柱连接和接触情况；如果蓄电池正常，检查启动线路、熔丝及点火开关 ❷ 踩下油门到节气门中等开度位置，再打开起动机。此时，如果发动机能够启动，则说明故障为怠速控制阀及其线路故障或者是进气管漏气；如果踩下油门到节气门中等开度位置时，仍然启动不了，应进行下一步骤的检查 ❸ 进行外观检查。检查进气管路有无漏气之处，检查各软管及其连接处是否完好，检查曲轴箱通风装置软管有无漏气或破裂 ❹ 检查高压火花。如果高压火花不正常，应检查高压线、点火线圈、分电器和电子点火器 ❺ 检查点火顺序是否正确 ❻ 检查供油系统的供油情况。在确认油箱有油的情况下，检查燃油管中的供油压力 ❼ 检查点火正时及各缸的点火顺序。如点火正时不正确，应进一步检查点火正时的控制系统 ❽ 检查装在空气流量计上的燃油泵开关的工作情况 ❾ 检查各缸火花塞的工作情况 ❿ 检查 ECU 的供电情况和工作情况，确定是否是 ECU 的故障 （8）传感器故障 ❶ 曲轴位置传感器 a. 曲轴位置信号丢失或异常时，虽然发动机可着火，但可造成 ECU 因无基础信号引发计算混乱，喷油提前角、轨压信号、修正数据等会出现无规律的错误。因此维修检测中发现数据无规律变化时，曲轴位置传感器是必检测部件 b. ECU 对每缸喷油量的修正是通过曲轴位置传感器根据飞轮上信号孔产生的波形检测每缸活塞的运行速度来决定的，信号异常将会导致喷油量修正异常，引发中、低速发动机抖动等现象

故障诊断	❷ 凸轮轴位置传感器 凸轮轴位置传感器信号同样是 ECU 运算的基础信号，此信号丢失或异常可造成发动机启动困难 ❸ 冷却液温度传感器 冷却液温度传感器信号异常对发动机工作状况的影响： a. 产生的低温信号可使 ECU 认为是冷启动加浓工况，喷油加大，造成混合气过浓，燃烧不完全，发动机功率降低 b. 产生的高温信号可使 ECU 认为发动机温度过高，限油降低发动机的转速 ❹ 机油压力传感器 机油压力传感器信号异常（低电压值）可使 ECU 认为机油压力不够，机油报警灯点亮 ❺ 进气压力传感器 进气压力传感器信号是 ECU 计算喷油量大小的重要依据。信号异常：高电压值信号可使 ECU 为保证混合比而加大喷油量，发动机无力，冒黑烟，当超过极限时 ECU 突然断电停油。低电压值信号可使 ECU 减少喷油量，发动机无力 ❻ 车速传感器 车速传感器信号异常（高电压值信号）给 ECU 传递的是驱动桥超速运转信号，ECU 限油，使油门踏板不起作用

1.8 发动机冷车启动困难

发动机冷车启动困难故障分析见表 1-8-1。

表 1-8-1 发动机冷车启动困难故障分析

故障现象	冷车启动困难、冷车启动后怠速抖动
故障原因	（1）发动机低温 发动机内的温度不够，燃油和润滑油的温度都不够，所以在冷车启动时应该多喷油以满足动力性的要求。低温时燃油雾化不好，导致点火能量下降，从而影响动力性，使车子发生抖动。点火线圈老化、火花塞的高压线老化或者漏电，同样可以导致点火能量降低 （2）气门和进气道积炭过多 由于积炭可以吸收部分燃油，会导致 ECU 判断出现错误

续表

故障原因	发动机内部的积炭过多时，冷车启动时喷油头喷出的汽油会被积炭大量吸收，导致冷车启动的混合气过稀，启动困难，直到积炭吸收的汽油饱和，才容易着车，着车后吸附在积炭上的汽油又会被发动机的真空吸力吸入气缸内燃烧，又使混合气变浓，发动机的可燃混合气时稀时浓，造成冷车启动后怠速抖动 　　气温越低，冷车启动所需要的油量越大，积炭的存在就越会影响冷车顺利启动。在发动机内部的每一处，积炭都会对发动机的正常工作带来不好的影响。例如，燃烧室内的积炭过多，会使发动机的压缩比增加，形成许多炽热面，引起早燃和爆燃，缩短发动机的使用寿命；气门及其座圈工作面上有积炭，会引起气门关闭不严而漏气，出现发动机难启动、工作无力以及气门易烧蚀等不良现象；气门导管和气门杆部积炭结胶，将加速气门杆与气门导管的磨损，甚至会引起气门杆在气门导管内运动发涩而卡死，产生粘气门的故障；活塞环槽内积炭，会使活塞环侧隙、背隙变小，甚至无间隙，造成活塞环被卡住而拉缸；喷油嘴的积炭，会造成各缸喷油嘴喷油量的不同，造成发动机抖动；火花塞积炭过多时，造成火花塞漏电不能工作，发动机抖动；节气门处的积炭过多也会造成启动困难及怠速抖动 　　为了保证发动机更好地工作，应定期清洗各处的积炭 （3）各缸工况不同 　　在长时间使用后，火花塞的点火间隙和时间控制会出现不同，出现了实际与理论的差错，结果有的气缸产生的功率偏小，会导致抖动 （4）冷却液温度传感器失灵 　　如果发动机冷车启动时温度为 $-10℃$，但传感器"告诉"电脑"现在温度是 $20℃$"，那么电脑就会按 $20℃$ 的工况喷油，油量当然要小，就会出现冷车启动困难 （5）混合比不合适 　　在闭环控制的车子中，氧传感器的最低工作温度是 $370℃$，如果刚启动车，由于排气管中的温度达不到 $370℃$，因此氧传感器不工作。此时 ECU 判断失误，其通过执行机构对油气混合、点火时间的控制出现误差，从而减小了车子的动力输出，出现抖动现象 （6）冷车启动后怠速抖动的其他原因 ❶空气流量计脏了，导致进气量减小 ❷EGR（废气再循环）阀工作状况不好，在怠速时引入废气 ❸怠速马达控制旁通进气道，以调节进气量大小，如果电压低工作可能不到位 ❹油品太差，达不到相应的热值，导致燃烧的功率输出偏小

续表

故障原因	以上四个因素都可以导致冷车启动或者空挡候车时某个缸的燃烧不好，从而产生发动机的抖动 （7）冷车启动困难的其他原因 ❶ 冬季使用了高黏度的机油（10W 或 5W 的适合于冬季） ❷ 进气系统、进气门根部的积炭过多，造成冷车启动时的混合气浓度过稀 ❸ 节气门脏污严重，进气量不足 ❹ 起动机的转速达不到要求 ❺ 电瓶的连接导线接触电阻过大 ❻ 电瓶电量不足 ❼ 变速器的润滑油黏度太大，造成发动机的运转阻力太大 ❽ 发动机的气缸压缩压力不足 ❾ 高压点火系统——火花塞性能不良，产生不了足以击穿混合气的理想电火花；火花塞间隙不合理 ❿ 发动机冷却液温度传感器故障
故障诊断	（1）汽车冷车启动困难的解决办法 首先检查一下节气门和怠速阀处是否积炭过多，积炭过多容易造成怠速气道堵塞进而导致进气不畅。如果积炭过多首先就需要进行积炭的清洗，再检查发动机控制系统的冷却液温度传感器是否工作正常。上述两方面的问题都会导致发动机冷车启动困难 低温时启动条件变坏原因：机油黏度大导致启动转速降低，低温导致蓄电池离子浓度降低、转速降低，点火能量降低，低温导致分子活动降低易燃混合气难以形成。所以低温启动困难，可以踩住离合再点火 （2）发动机冷车时启动困难，热车后启动正常故障检测方法 发动机冷车时启动困难，需要多次启动发动机才能工作，热车后启动正常，常见的原因是充气系数不足，发动机在冷车启动和暖机时怠速转速过低（冷车启动和暖机时需要高怠速保证运转平稳），应重点检查冷却液温度传感器是否失效，以及怠速步进电动机是否发生卡滞 ❶ 启动后看发动机转速表。发动机冷却液温度在 40℃以下时怠速转速应为 1500r/min，40～70℃时怠速转速应为 1100r/min，达到 70℃后恢复到正常怠速转速。如启动后发动机转速就为正常怠速转速，应先检查冷却液温度传感器 ❷ 启动后如发动机转速表显示的转速低于正常怠速转速，也有可能是旁通空气道内的怠速步进电动机卡滞，导致启动和暖机时旁通空气道不能开启。

续表

故障诊断	拆开空气滤清器和节气门之间的皱纹管（进气软管），检查节气门，如节气门处有积炭，与它处于同一工作环境的旁通空气道内的怠速步进电动机处也一定有积炭，用节气门清洗剂清洗节气门（将节气门完全打开）和旁通空气道内的怠速步进电动机。清洗后反复用压缩空气吹，直至彻底吹干净为止，可排除故障 ❸ 将冷却液温度传感器放入盛满水和冰块的容器中，加热容器中的水，分别在 0℃、20℃、80℃、100℃时用欧姆表测传感器的电阻，看其电阻值变化的曲线是否与厂家规定相符。如果测量时传感器的电阻过大或过小，电阻随温度变化的特性曲线与厂家的规定不符，均需更换 ❹ 读取数据流，将数据流显示的发动机冷却液温度和用红外线测温仪实际检测到的温度进行对比，如不符，应更换冷却液温度传感器

1.9　点火线圈初级/次级电路故障

1.9.1　点火线圈初级/次级电路故障分析

点火线圈初级/次级电路故障分析见表 1-9-1。

表 1-9-1　点火线圈初级/次级电路故障分析

故障现象	❶ 发动机故障灯点亮 ❷ 发动机怠速抖动 ❸ 发动机加速无力 ❹ 燃油消耗比正常时多 ❺ 急加速时发动机无力并抖动
故障分析	点火线圈内部短路后，外壳发烫，高压火花很弱，跳射距离短、似断非断，急加速时特别容易熄火。使用中常见低压（初级）线路因电流过量而发热，以致烧蚀绝缘，引起低压电路的短路或断路 　　有些点火线圈爆裂损坏，是点火开关较长时间处于接通的位置，触点闭合时间长所致，或是附加电阻上的两接线接反，导致附加电阻被短路，使点火线圈发热

续表

故障原因	❶ 外界环境温度高：气温过高，引起点火线圈过热（可用布条沾水将其慢慢冷却） ❷ 发动机过热：点火线圈安装部位离热源太近、散热不良（应排除其过热故障，并将线圈安装在距发动机稍远的部位） ❸ 接线不当：点火线圈上的接线错误会造成附加电阻不起作用，致使线圈在发动机低速时温度升高 ❹ 发电机调节电压过高：因调节器电压调整过高，初级电流过大，造成输出电压增高而引起线圈发热 ❺ 点火线圈与发动机不匹配：更换线圈时，要选用与车型相适应的，不要认为电压相同就能通用 ❻ 线圈质量低劣或内部有匝间短路而发热。使用过程的影响，如停车忘记关闭点火开关，长时间通电；火花塞因积炭而长时间"吊火"和分电器中心炭粒松脱而长时间跳火，均会使点火线圈过热而烧蚀绝缘或爆损
故障诊断	（1）点火线圈的就车检查 ❶ 跳火检查 将分电器盖上的中央高压线拨出，使其距缸体约5mm左右，开启点火开关，一手拨动断电器触点，若高压线与缸体间无火花跳火，即可断定点火线圈损坏；若其跳火微弱，可认为线圈有搭铁或漏电之处，低压线路有故障，应检修 ❷ 直观检查 外壳是否完好，型号是否相符合，有无裂损或绝缘物溢出，各接线柱连接是否牢靠，高压线座孔是否完好，必要时修复 ❸ 用万用表检查 检查初级线圈有无断路、短路或搭铁，检测开关接线柱与"-"接线柱间电阻，其电阻应符合生产厂家规定（一般应在 $1.2\sim1.9\Omega$ 范围内），电阻小于规定值为短路，无穷大为断路；测量外壳与接线柱（"+"、"-"均可）间电阻，其电阻应为无穷大，若阻值为0，则初级线圈有搭铁故障，应更换新件 用万用表检测次级线圈有无断路、短路。检测高压导线插孔和低压接线柱间电阻，其电阻应符合生产厂家的规定，若过小为短路，若为无穷大，则表明次级线圈有断路，应更换新件 ❹ 附加电阻检测 用万用表检测附加电阻两端，其电阻应在 $1.3\sim1.7\Omega$ 范围内，电阻过小为短路，无穷大则为断路，应更换新件 （2）点火线圈损坏维修注意事项 点火线圈相当于一个自耦变压器，由绕在铁芯上的初级线圈和次级线圈组成，其功用是将蓄电池或发电机的低压电转变为 $15\sim20kV$ 的高压电，经分电器的配电器送到各缸火花塞，击穿间隙而产生电火花，点燃混合气 在汽车的维修过程中往往会发现点火线圈外壳灼手爆损、线圈内封堵的绝缘材料熔化飞溅，使发动机罩内蒙上一片黏糊糊的黑色流溢物，还可能喷出火焰引燃泄漏的汽油而发生火灾。如经检查，确认点火线圈爆炸损坏，应更换

1.9.2 电路分析

点火线圈和点火系统电路图如图 1-9-1、图 1-9-2 所示。

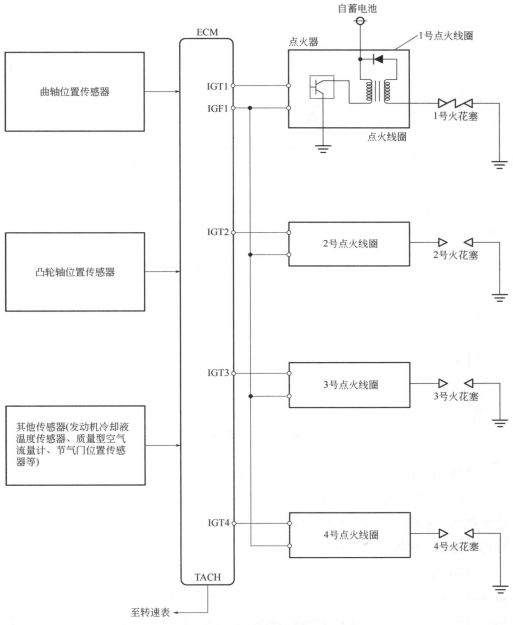

图 1-9-1 点火系统控制电路图

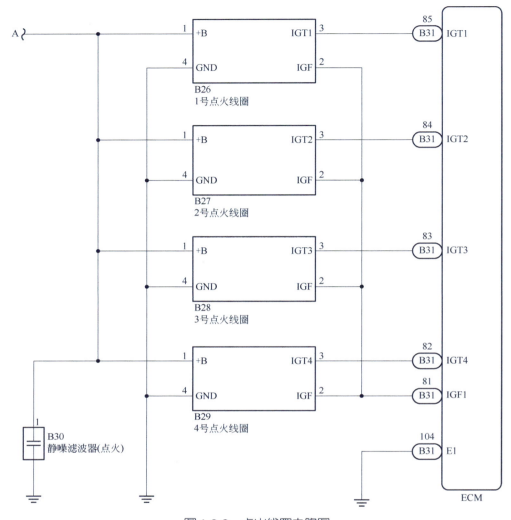

图 1-9-2　点火线圈电路图

说明：此处介绍直接点火系统（DIS）。

DIS 是单缸点火系统，其中每个气缸由一个点火线圈点火，火花塞连接在各个次级绕组的末端。次级绕组中产生的高电压直接作用到各个火花塞上。火花塞产生的火花通过中央电极到达搭铁电极。

ECM 确定点火正时并向每个气缸发送点火信号（IGT）。ECM 根据 IGT 信号接通或关闭点火器内的功率晶体管的电源。功率晶体管进而接通或断开流向初级线圈的电流。当初级线圈中的电流被切断时，次级线圈中产生高电压。此高电压被施加到火花塞上并使其在气缸内部产生火花。一旦 ECM 切断初级线圈电流，点火器会将点火确认（IGF）信号发送回 ECM，用于各气缸点火。

提示：以下 DTC 表示与初级电路有关的故障。

- 如果设置了 DTC P0351，检查 1 号点火线圈电路。
- 如果设置了 DTC P0352，检查 2 号点火线圈电路。
- 如果设置了 DTC P0353，检查 3 号点火线圈电路。
- 如果设置了 DTC P0354，检查 4 号点火线圈电路。

检查流程如下。

使用智能检测仪读取定格数据。存储 DTC 时，ECM 将车辆和驾驶条件信息记录为定格数据。进行故障排除时，定格数据有助于确定故障出现时车辆是运行还是停止、发动机是暖机还是冷机、空燃比是稀还是浓，以及其他数据。

（1）故障码为 P0351、P0352、P0353 和 P0354 时

① 检查线束和连接器（点火线圈总成 - 车身搭铁）

a. 断开点火线圈总成连接器。

b. 根据图 1-9-3 和表 1-9-2 中的值测量电阻。

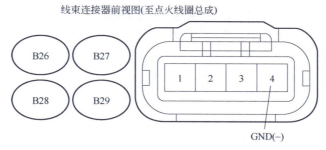

图 1-9-3　点火线圈总成连接器（1）

表 1-9-2　标准电阻（断路检查）（6）

检测仪连接	条件	规定状态 /Ω
B26-4（GND）—车身搭铁	始终	小于 1
B27-4（GND）—车身搭铁	始终	小于 1
B28-4（GND）—车身搭铁	始终	小于 1
B29-4（GND）—车身搭铁	始终	小于 1

c. 重新连接点火线圈总成连接器。

异常，则维修或更换线束或连接器（点火线圈总成 - 车身搭铁）。正常，执行下一步。

② 检查线束和连接器（点火线圈总成 -IG2 集成继电器）

a. 断开点火线圈总成连接器。

b. 拆下集成继电器和发动机室继电器盒。

c. 断开集成继电器连接器。

d. 根据图 1-9-4 和表 1-9-3、表 1-9-4 中的值测量电阻。

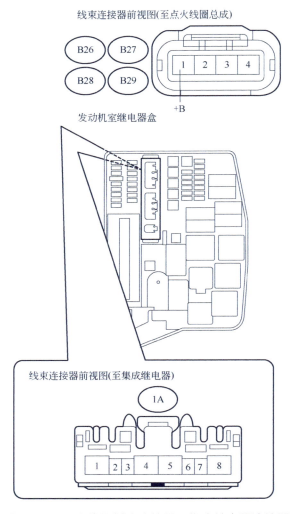

图 1-9-4　点火线圈总成连接器、集成继电器连接器

表 1-9-3　标准电阻（断路检查）(7)

检测仪连接	条件	规定状态/Ω
B26-1（+B）—1A-4	始终	小于 1
B27-1（+B）—1A-4	始终	小于 1
B28-1（+B）—1A-4	始终	小于 1
B29-1（+B）—1A-4	始终	小于 1

表 1-9-4　标准电阻（短路检查）(6)

检测仪连接	条件	规定状态
B26-1（+B）或 1A-4—车身搭铁	始终	10kΩ 或更大
B27-1（+B）或 1A-4—车身搭铁	始终	10kΩ 或更大
B28-1（+B）或 1A-4—车身搭铁	始终	10kΩ 或更大
B29-1（+B）或 1A-4—车身搭铁	始终	10kΩ 或更大

e. 重新连接集成继电器连接器。

f. 重新安装集成继电器。

g. 重新连接点火线圈总成连接器。

如果异常，则维修或更换线束或连接器[点火线圈集成继电器（IG2 继电器）]。如果正常，则检查 ECM 电源电路。

（2）故障码为 P0351、P0352、P0353 或 P0354 时

① 检查点火线圈总成（电源）

a. 断开点火线圈总成连接器。

b. 将点火开关置于 ON（IG）位置。

c. 根据图 1-9-5 和表 1-9-5 中的值测量电压。

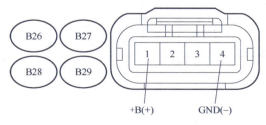

图 1-9-5　点火线圈总成连接器（2）

表 1-9-5 标准电压（3）

检测仪连接	开关状态	规定状态 /V
B26-1（+B）—B26-4（GND）	点火开关置于 ON（IG）位置	9～14
B27-1（+B）—B27-4（GND）	点火开关置于 ON（IG）位置	9～14
B28-1（+B）—B28-4（GND）	点火开关置于 ON（IG）位置	9～14
B29-1（+B）—B29-4（GND）	点火开关置于 ON（IG）位置	9～14

异常，则维修或更换点火线圈总成（电源）。正常，执行下一步。

② 检查线束和连接器（点火线圈总成 -ECM）

a. 断开点火线圈总成连接器。

b. 断开 ECM 连接器。

c. 根据图 1-9-6 和表 1-9-6、表 1-9-7 中的值测量电阻。

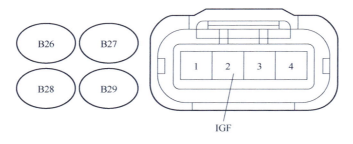

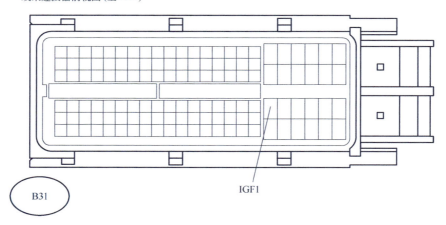

图 1-9-6　点火线圈总成连接器、ECM 连接器（1）

表 1-9-6　标准电阻（断路检查）(8)

检测仪连接	条件	规定状态/Ω
B26-2（IGF）—B31-81（IGF1）	始终	小于 1
B27-2（IGF）—B31-81（IGF1）	始终	小于 1
B28-2（IGF）—B31-81（IGF1）	始终	小于 1
B29-2（IGF）—B31-81（IGF1）	始终	小于 1

表 1-9-7　标准电阻（短路检查）(7)

检测仪连接	条件	规定状态
B26-2（IGF）或 B31-81（IGF1）—车身搭铁	始终	10kΩ 或更大
B27-2（IGF）或 B31-81（IGF1）—车身搭铁	始终	10kΩ 或更大
B28-2（IGF）或 B31-81（IGF1）—车身搭铁	始终	10kΩ 或更大
B29-2（IGF）或 B31-81（IGF1）—车身搭铁	始终	10kΩ 或更大

d. 重新连接 ECM 连接器。

e. 重新连接点火线圈总成连接器。

如果异常，则维修或更换线束或连接器（点火线圈总成 -ECM）。如果正常，执行下一步。

③ 再次检查线束和连接器（点火线圈总成 -ECM）

a. 断开点火线圈总成连接器。

b. 断开 ECM 连接器。

c. 根据图 1-9-7 和表 1-9-8、表 1-9-9 中的值测量电阻。

表 1-9-8　标准电阻（断路检查）(9)

检测仪连接	条件	规定状态/Ω
B26-3（IGT1）—B31-85（IGT1）	始终	小于 1
B27-3（IGT2）—B31-84（IGT2）	始终	小于 1
B28-3（IGT3）—B31-83（IGT3）	始终	小于 1
B29-3（IGT4）—B31-82（IGT4）	始终	小于 1

线束连接器前视图（至点火线圈总成）

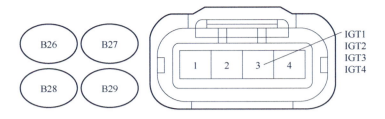

线束连接器前视图（至ECM）

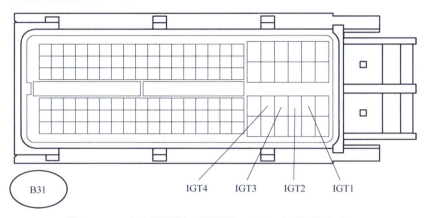

图 1-9-7 点火线圈总成连接器、ECM 连接器（2）

表 1-9-9 标准电阻（短路检查）(8)

检测仪连接	条件	规定状态
B26-3（IGT1）或 B31-85（IGT1）—车身搭铁	始终	10kΩ 或更大
B27-3（IGT2）或 B31-84（IGT2）—车身搭铁	始终	10kΩ 或更大
B28-3（IGT3）或 B31-83（IGT3）—车身搭铁	始终	10kΩ 或更大
B29-3（IGT4）或 B31-82（IGT4）—车身搭铁	始终	10kΩ 或更大

d. 重新连接 ECM 连接器。

e. 重新连接点火线圈总成连接器。

如果异常，则维修或更换线束或连接器（点火线圈总成-ECM）。如果正常，则更换 ECM。

1.10 发动机气缸体与气缸盖裂纹故障

发动机气缸体与气缸盖裂纹故障分析见表 1-10-1。

表 1-10-1 发动机气缸体与气缸盖裂纹故障分析

故障现象	❶ 发动机排白烟 ❷ 怠速运转时，打开水箱盖看到水箱冒气泡 ❸ 缸压低
故障分析	发动机气缸体与气缸盖容易产生裂纹的部位往往与它们的结构有关，不同形式的发动机易出现裂纹的部分各自有一定的规律性。发动机的气缸体与气缸盖一般是采用灰铸铁、合金铸铁及铝合金铸造的，它的结构形状复杂，其工作是在高温、高压、热负荷和交变载荷下进行的。因此气缸体和气缸盖常出现砂眼和裂纹等现象
故障原因	❶ 气缸体与气缸盖水套壁厚较薄 ❷ 水垢集聚过多而散热不良 ❸ 缸体结冰冻裂、冷热急剧变化、碰撞受损 ❹ 铸造时的残余应力影响 ❺ 发动机在高速运转时的惯性、热应力、气缸体受交变应力作用等原因，使水套壁产生裂纹 ❻ 气门座 / 气缸套镶配次数过多，压配工艺不当或过盈量过大
故障诊断	（1）气缸体与气缸盖出现裂纹的原因分析 ❶ 发动机功率大，转速高，在高转速时惯性大，底板应力大，易出现裂纹 ❷ 气缸体结构复杂，各处壁厚不均衡，一些薄弱部位刚度低，易出现裂纹 ❸ 在高转速时，曲轴产生振动，增加了缸体的负荷，在薄弱部位发生裂纹 ❹ 加工部位与未加工部位，壁厚不同部位的过渡处都将产生应力集中。当应力集中与铸造时的残余内应力叠加时，易产生裂纹 ❺ 使用不当，如发动机长时间在超负荷条件下工作，则缸体内应力过大，造成气缸体裂纹概率大 ❻ 在发动机处于高温状态下突然加入冷水，造成气缸体热应力过大，使气缸体产生变形和裂纹

续表

故障诊断	❼ 水套中水垢过厚，减少了冷却液的通过量，同时由于水垢传热性差，降低了发动机的散热性能。特别是气缸之间、气门之间的水道阻塞后，严重影响它的散热，使局部工作温度升高，热应力过大，易出现在严冬季节骤加高温热水而炸裂 ❽ 在修理作业中未能严格执行工艺要求，如气缸盖螺栓未能按规定的顺序和扭矩紧固，紧固力不均匀等，从而导致气缸变形和螺栓孔附近产生裂纹 （2）气缸体与气缸盖的裂纹故障诊断检查 气缸体、气缸盖等零件的裂纹，通常采用水压试验法和敲击法进行检验 ❶ 水压试验法 试验方法是将气缸盖及衬垫装在气缸体上，将水压机出水管接头与气缸前端连接好，并封闭所有水道，然后将水压入缸体水套中，要求压力为 30～40kPa，保持 5min，如气缸体、气缸盖由里向外有水珠渗出，即表明该处有裂纹 镶换气缸套、气门座圈及气门导管后应再进行一次水压试验。在没有水压机的情况下，可用自来水及气泵将水注入气缸体、气缸水套内 ❷ 敲击检验法 将气缸体侵入煤油或柴油中片刻，取出后将表面擦干，撒上一层白垩粉，然后用小锤敲击，在裂纹处会出现油痕。此法适用于金属疲劳裂纹的检验 （3）气缸体与气缸盖裂纹的修理 气缸体、气缸盖裂纹与破裂的修理方法有粘接、焊接和堵漏剂堵漏等。具体采用哪种方法应根据裂纹的大小、程度和部位来确定 ❶ 粘接法 大部分裂纹可采用粘接法修复。常采用环氧树脂粘接，它具有粘接力强、收缩性小、耐疲劳等优点，同时工艺简单、操作方便、成本低。其主要缺点是不耐高温，不耐冲击等。所以，除了燃烧室、气门座附近的高温区以外，其余均可采用此法。对于工作温度较高的部位如燃烧室、气门座附近，在镶气门座与气门导管前发现成孔有局部裂纹，可采用扣合键无机粘接剂法修理，它可以防止漏水，可承受 600℃的高温，抗压性能良好。对破洞和裂纹集中部位，可以采用补板加环氧树脂粘接法修理。用螺钉固定补板，其间涂以环氧树脂以保持其密封 ❷ 焊接法 焊接可分为冷焊和热焊两种。热焊时，将工件预热到 600～700℃进行焊接，焊缝金属冷却缓慢，零件冷却时各处温差小，不易形成较大内应力，可防止零件产生白口和裂纹。但是热焊易产生变形且氧化比较严重，工艺复杂，工人劳动条件差

续表

| 故障诊断 | 冷焊一般不预热，工艺顺序是：
　　a. 焊前准备，彻底清洁油污水垢，检查裂纹方向及起止点，用 215 mm 钻头沿着裂纹钻一排孔。注意排孔的起止点分别超出裂纹两端 4～5mm，排孔深度为该处壁厚的 2/3，然后修整出 60°～70° 的 V 形坡口，下部保持曲线形状，坡口两侧 25mm 以内的表面用钢丝刷或砂布打光。焊前清除坡口底部裂纹中残留的油污水分并烘干
　　b. 焊接时，用"小电流、分段、分层"锤击，以减少焊接应力和变形。采用直径为 215mm 的铸 607 焊条，电流 90A 且电流极性为直流反接
　　c. 焊接时，应在室内避风处进行，将工件稍加预热（200～500℃）后施焊，焊接效果更好
❸ 堵漏剂堵漏法
　　堵漏剂是由水玻璃、无机聚沉剂、有机絮凝剂、无机填充剂和粘接剂等组成的胶状液体，适用于铸铁或铝缸体所出现的裂纹、砂眼等缺陷的堵漏。若裂纹宽度、砂眼孔径超过 0.3mm 时最好不用这种方法修复。堵漏剂堵塞裂纹适于细小裂纹或有微量渗漏时采用。裂纹长度超过 40～50 mm 时，可在裂纹两端钻 3～4mm 的限制孔，并点焊或攻螺纹拧上螺钉，防止裂纹扩展。同时，每间隔 30～40mm 钻孔（不钻通）点焊或攻螺纹拧上螺钉，避免工作中的振动使裂纹扩展 |

1.11　发动机过热

1.11.1　发动机过热故障分析

发动机过热故障分析见表 1-11-1。

表 1-11-1　发动机过热故障分析

| 故障现象 | 汽车在使用中，常出现水温超过 90℃，直至沸腾（水箱开锅）的异常现象。发动机一旦过热，将会使缸套、活塞与活塞环变形，环开口间隙顶死而翘曲引起活塞卡滞，致使缸壁无间隙摩擦，在高压下刮伤缸壁和增加缸壁磨损，并且润滑油因高温烧结，形成无润滑摩擦；同时积炭增多，产生炽热，使工作混合气燃烧过程失去控制，动力性明显下降；还伴有排气管冒黑烟、工作突爆、动力不足等现象 |

续表

故障分析	❶ 突然过热 发动机工作中突然出现过热现象，一般是风扇传动带断裂、风扇电路故障、水泵轴与叶轮脱转、节温器主阀门脱落或冷却液严重泄漏 ❷ 经常过热 发动机工作中经常出现过热现象，其原因可归纳为两方面：一是冷却系统冷却强度不足，二是发动机传热损失过大。由冷却系统的组成和各部分的功用不难分析得出导致冷却强度下降的原因：缺少冷却液、风扇传动带打滑、风扇叶片角度调整不当、散热器堵塞或散热片倾倒过多、节温器故障或水泵故障致使冷却液循环不良、水套积垢严重等。发动机过热，应首先对上述可能原因进行排查
故障原因及诊断	❶ 散热器管漏缺水或部分堵塞 因散热器的储水量有限，出现缺水，尤其是散热管堵塞后，冷却液不能循环流动，很容易使发动机产生过热。应立即焊补管漏处，疏通水道，必要时更换新件 ❷ 节温器损坏 由于节温器损坏，不能自动调节冷却强度，使冷却液不能正常循环流动，发动机不能在最适宜的温度状态下工作而过热。遇此情况，应及时更换节温器 ❸ 风扇皮带过松或打滑 冷却液散热，主要依靠风扇吹拂和汽车行驶时的气流把热量带走。风扇皮带打滑，冷却液热量就不能通过散热器顺利地散发出去，发动机不能充分冷却而出现过热 ❹ 水泵性能恶化 主要是水泵密封件损坏，泵水量下降，不能强制性地进行冷却循环，把发动机内热水送到散热器进行冷却，然后再回到冷却水腔。发动机冷却水腔中的热量传不出去，造成发动机过热。应拆检水泵，更换密封件 ❺ 风扇叶片弯曲变形 风扇叶片弯曲变形，风量减少并引起振动，甚至打坏散热器芯管，均将导致发动机过热。应更换风扇 ❻ 散热器阀工作不良 散热器盖上向外通蒸气和向内通空气的两个阀工作不良，不能控制冷却系统内冷却液沸点，使发动机不能在正常温度下工作。应拆检散热器，更换阀门 ❼ 点火正时失准 点火过早会产生爆震，太晚则燃烧时间延长，热量不能及时散发，均将导致排气温度升高而发动机过热。应校正点火正时

续表

故障原因及诊断	❽ 润滑油选用不当 黏度过大，流动性差，不能有效地进入间隙较小的摩擦副，致使润滑不良造成发动机过热。若选用质量太差的机油，容易过早地老化变稠，使之失去润滑性能，不能有效地将摩擦副中热量传递出去导致发动机过热。应更换合适的润滑油。 ❾ 汽油选用不当 使用低标号汽油，爆震限制器失控，燃烧室爆震，会引起发动机温度过高，严重时产生活塞烧顶。油底壳内缺机油，润滑系统出现故障，机油泵不能有效地把机油压送到各润滑点，使之润滑不良、半干摩擦而引起发动机温度过高。应更换合适的汽油 车辆在使用中，应注意坚持使用清洁干净的软水（或合乎规格的防冻液）；保证冷却液的数量；定期调校风扇皮带的松紧度和点火正时，检修水泵和节温器；加强冷却系统维护，清洗水垢、杜绝渗漏，使之保持良好的技术状况；同时消除底盘部分及电气系统故障，避免大负荷、高转速运行

1.11.2 冷却液温度传感器电路分析

（1）冷却液温度传感器电路图（图1-11-1）

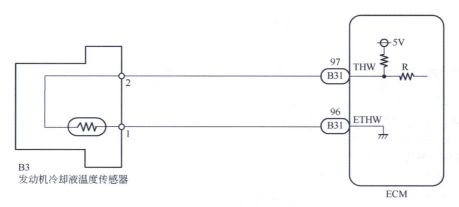

图 1-11-1 冷却液温度传感器电路图

（2）检查冷却液温度传感器线路

① 断开发动机冷却液温度传感器连接器。

② 断开 ECM 连接器。

③ 根据图 1-11-2 和表 1-11-2 中的值测量电阻。

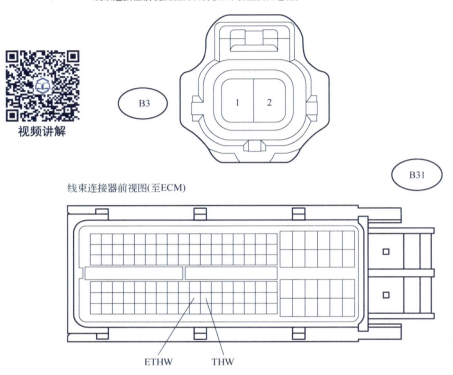

图 1-11-2　冷却液温度传感器连接器、ECM 连接器

表 1-11-2　标准电阻（7）

检测仪连接	条件	规定状态 /Ω
B3-2—B31-97（THW）	始终	小于 1
B3-1—B31-96（ETHW）	始终	小于 1

④ 重新连接发动机冷却液温度传感器连接器。

⑤ 重新连接 ECM 连接器。

如果异常，则维修或更换线束或连接器（发动机冷却液温度传感器 -ECM）。如果正常，则更换 ECM。

1.11.3 冷却风扇电路分析

说明：ECM 根据发动机冷却液温度、空调开关情况、制冷剂压力、发动机转速和车速计算出适当的冷却风扇转速，并将信号传送至冷却风扇 ECU，以调整冷却风扇。冷却风扇 ECU 根据 ECM 发送的占空比信号控制冷却风扇转速。根据对运行情况的控制，ECM 使用冷却风扇 ECU 来优化控制风扇转速，以同时达到高制冷性能和低噪声。冷却风扇转速根据发动机冷却液温度、空调运行情况、发动机转速和车速来确定。

冷却风扇电路如图 1-11-3 所示。

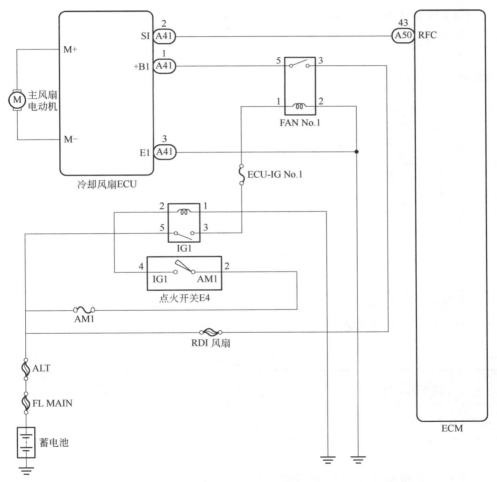

图 1-11-3 冷却风扇电路图

（1）车上检查

操作冷却风扇时，使用智能检测仪检查其工作情况。如果冷却风扇电动机不工作，则检查冷却风扇电路。

正常，更换 ECM。异常，执行下一步。

（2）检查冷却风扇 ECU

① 断开 ECM 连接器。

② 将点火开关置于 ON（IG）位置。

③ 检查冷却风扇的工作情况。

正常，更换 ECM。异常，执行下一步。

（3）检查线束和连接器（ECM-冷却风扇 ECU）

① 断开冷却风扇 ECU 连接器（图 1-11-4）。

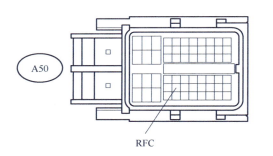 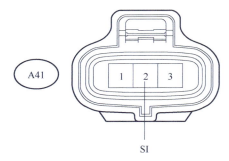

图 1-11-4　ECM 插接器、冷却风扇插接器

② 断开 ECM 连接器。

③ 根据图 1-11-4 和表 1-11-3 中的值测量电阻。

表 1-11-3　标准电阻（8）

检测仪连接	条件	规定状态/Ω
A50-43（RFC）—A41-2（SI）	始终	小于 1

异常，则维修或更换线束或连接器（ECM-冷却风扇 ECU）。正常，执行下一步。

（4）检查冷却风扇电动机

① 断开冷却风扇电动机连接器（图 1-11-5）。

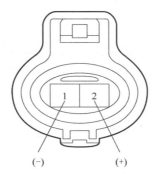

图 1-11-5　冷却风扇电动机连接器

② 将蓄电池正极端子连接至冷却风扇连接器端子 2，并且将蓄电池负极端子连接至冷却风扇连接器端子 1。

③ 连接冷却风扇电动机连接器。

正常，则更换冷却风扇电动机。异常，执行下一步。

（5）检查冷却风扇 ECU（电源）

① 断开冷却风扇 ECU 连接器。

② 将点火开关置于 ON（IG）位置。

③ 根据图 1-11-6 和表 1-11-4 中的值测量电压。

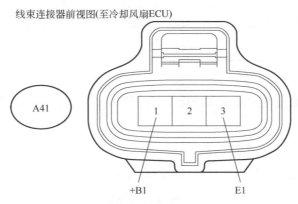

图 1-11-6　冷却风扇 ECU 连接器

表 1-11-4　标准电压（4）

检测仪连接	开关状态	规定状态 /V
A41-1（+B1）—A41-3（E1）	点火开关置于 ON（IG）位置	9～14

正常，则更换冷却风扇 ECU。异常，执行下一步。

(6) 检查线束和连接器（冷却风扇 ECU-车身搭铁）

根据图 1-11-7 和表 1-11-5 中的值测量电阻。

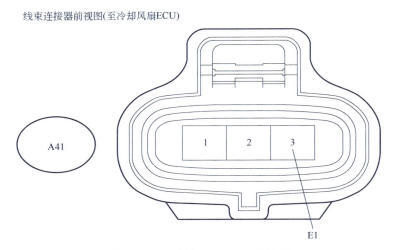

图 1-11-7　冷却风扇 ECU 插接器

表 1-11-5　标准电阻（9）

检测仪连接	条件	规定状态 /Ω
A41-3（E1）—车身搭铁	始终	小于 1

异常，则维修或更换线束或连接器（冷却风扇 ECU-车身搭铁）。正常，执行下一步。

(7) 检查 FAN No.1 继电器

①将 FAN No.1 继电器从发动机室继电器盒上拆下。

②根据图 1-11-8 和表 1-11-6 中的值测量电阻。

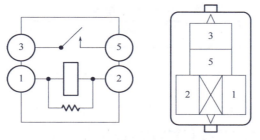

图 1-11-8　继电器

表 1-11-6　标准电阻（10）

检测仪连接	条件	规定状态
3—5	正常	10kΩ 或更大
3—5	在端子 1 和 2 之间施加蓄电池电压	小于 1Ω

异常，则更换 FAN No.1 继电器。正常，执行下一步。

（8）检查 RAD FAN 熔丝

异常，则更换熔丝盒。正常，执行下一步。

（9）检查熔丝（ECU-IG No.1）

① 将 ECU-IG No.1 熔丝从仪表板接线盒上拆下。

② 根据图 1-11-9 和表 1-11-7 中的值测量电阻。

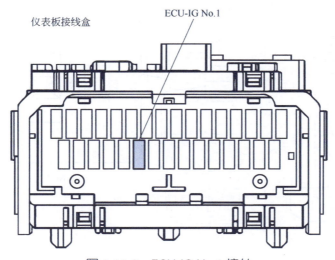

图 1-11-9　ECU-IG No.1 熔丝

表 1-11-7　标准电阻（11）

检测仪连接	条件	规定状态/Ω
ECU—IG No.1 熔丝	始终	小于 1

异常，则更换熔丝（ECU-IG No.1 熔丝）。正常，执行下一步。

（10）检查线束和连接器（冷却风扇 ECU-FAN No.1 继电器）

① 断开冷却风扇 ECU 连接器。

② 将 FAN No.1 继电器从发动机室继电器盒上拆下。

③ 根据图 1-11-10 和表 1-11-8 中的值测量电阻。

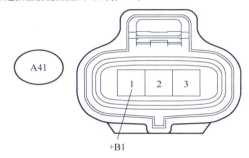

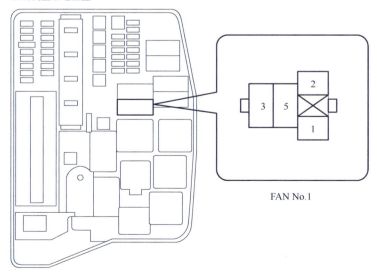

图 1-11-10　冷却风扇 ECU 连接器、FAN No.1 继电器

表 1-11-8　标准电阻（12）

检测仪连接	条件	规定状态 /Ω
A41-1（+B1）—5（FAN No.1 继电器）	始终	小于 1

异常，则维修或更换线束或连接器（冷却风扇 ECU-FAN No.1 继电器）。正常，执行下一步。

（11）检查线束和连接器（FAN No.1 继电器-车身搭铁）

① 将 FAN No.1 继电器从发动机室继电器盒上拆下。

② 根据图 1-11-11 和表 1-11-9 中的值测量电阻。

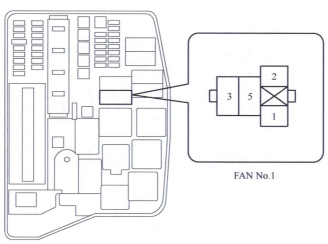

图 1-11-11　FAN No.1 继电器

表 1-11-9　标准电阻（13）

检测仪连接	条件	规定状态 /Ω
2（FAN No.1 继电器）—车身搭铁	始终	小于 1

异常，则维修或更换线束或连接器（FAN No.1 继电器 - 车身搭铁）。正常，执行下一步。

（12）检查线束和连接器（FAN No.1 继电器-ECU-IG No.1 熔丝）

① 将 ECU-IG No.1 熔丝从仪表板接线盒上拆下。

② 将 FAN No.1 继电器从发动机室继电器盒上拆下。

③根据图 1-11-12 和表 1-11-10 中的值测量电阻。

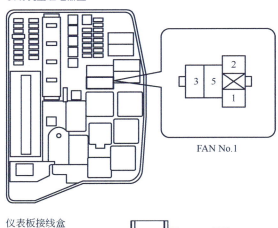

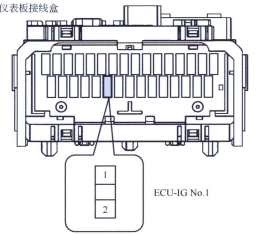

图 1-11-12　ECU-IG No.1 熔丝、FAN No.1 继电器

表 1-11-10　标准电阻（14）

检测仪连接	条件	规定状态/Ω
1（FAN No.1 继电器）—2（ECU-IG No.1 熔丝）	始终	小于 1

异常，则维修或更换线束或连接器（FAN No.1 继电器 -ECU-IG No.1 熔丝）。正常，执行下一步。

（13）检查线束和连接器（FAN No.1 继电器 -RDI FAN 熔丝）

①拆下熔丝盒总成。

② 断开连接器（图 1-11-13）。

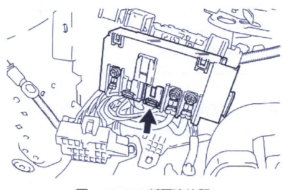

图 1-11-13 断开连接器

③ 根据图 1-11-14 和表 1-11-11 中的值测量电阻。

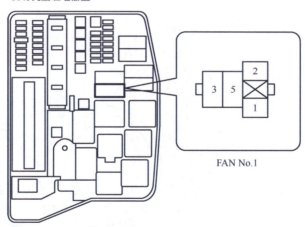

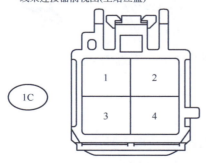

图 1-11-14 继电器插接器

表 1-11-11　标准电阻（15）

检测仪连接	条件	规定状态/Ω
3（FAN No.1 继电器）—1C-2（熔丝盒）	始终	小于 1

正常，则维修或更换线束或连接器（蓄电池 -RDI FAN 熔丝）。异常，则维修或更换线束或连接器（FAN No.1 继电器 -RDI FAN 熔丝）。

1.11.4　检查水泵

① 转动皮带轮，检查并确认水泵轴承运转平稳且无噪声（图 1-11-15）。

如有必要，更换水泵总成。

② 确保水泵壳体上没有冷却液。

如有必要，更换水泵总成。

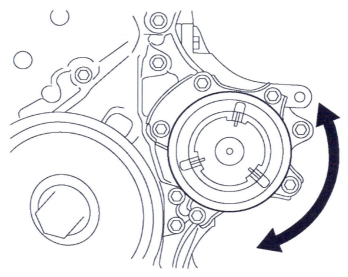

图 1-11-15　转动皮带轮

1.11.5　检查节温器

提示：阀门开启温度刻在节温器上（图 1-11-16）。

① 将节温器浸入水中，然后逐渐将水加热。

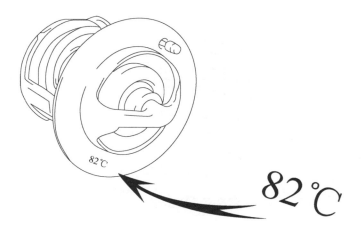

图 1-11-16　阀门开启温度

② 检查节温器阀开启温度（图 1-11-17）。

图 1-11-17　检查节温器阀开启温度

阀门开启温度：80 ~ 84℃。

如果阀门开启温度不符合规定，则更换节温器。

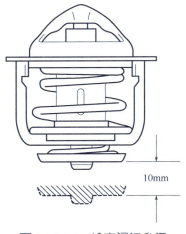

图 1-11-18 检查阀门升程

③ 检查阀门升程（图 1-11-18）。

阀门升程：在 95℃ 时为 10 mm 或更大。

如果阀门升程不符合规定，则更换节温器。

④ 当节温器处于低温（低于 70℃）时，检查并确认阀门全关。

如果不能全关，则更换节温器。

视频讲解

第2章 自动变速器疑难杂症

2.1 自动变速器过热

自动变速器过热故障分析见表2-1-1。

表2-1-1 自动变速器过热故障分析

故障现象	❶ 换挡冲击大 ❷ 变速箱报警灯点亮
故障原因	❶ 产生热量最大的元件液力变矩器出现故障 ❷ ATF散热器散热不良或是受发动机高温影响 ❸ 阀体内阀杆移动不会产生热量，离合器工作只有少量的、微弱的热量，除非离合器工作时严重打滑（可产生大量的热量）。自动变速器散热良好与否，与油压、流量、阀道和管道有着直接的关系
故障诊断	❶ 液力变矩器流量不足 导致液力变矩器流量不足的问题根源来自调压阀体内的主调压阀 症状：液力变矩器过热（通过读自动变速器油温值），报P0740故障码 具体原因：主调压阀只允许有限的ATF流量通往液力变矩器和散热器。当流量过小时，液力变矩器内锁止活塞前端的充油过少，导致锁止离合器被拖滞，无法完全与液力变矩器前盖分离，造成液力变矩器产生过热 解决方案：安装索奈克斯改良的调压阀可以让更多的油量进入液力变矩器和散热器油路，有助于维持正常的液力变矩器工作温度 ❷ 液力变矩器止回阀卡滞、磨损 对于自动变速器，引起液力变矩器温度高的另一个内部原因是，液力变矩器止回阀卡滞、磨损

2.2 自动变速器报警灯点亮故障

自动变速器报警灯点亮故障分析见表 2-2-1。

表 2-2-1　自动变速器报警灯点亮故障分析

故障说明	该灯点亮时，则说明当前自动变速器出现故障
故障原因	变速器故障灯亮说明动力电控系统存在故障，可能是变速器某个传感器连接线路存在故障，汽车维修站可以通过电脑检测，然后根据故障码能够检测出具体的故障 ❶ 缺少自动变速器油 ❷ 自动变速器过热 ❸ 单向离合器打滑造成的速度无法提升 ❹ 卡滞造成的转速上不去 ❺ 某单个挡位制动器以及离合器故障造成的挡位无法挂上
故障诊断与排除	（1）变速器故障灯亮故障检查 ❶ 检查发动机怠速，检查、调整节气门拉线和节气门位置传感器，检查真空式节气门阀的真空软管 ❷ 路试检查自动变速器升挡是否过迟，升挡过迟是换挡冲击大的常见原因 ❸ 检测主油路油压，如果怠速时主油路油压高，说明主油路调压阀或节气门阀存在故障；如果怠速油压正常，而起步冲击大，说明前进离合器、倒挡及高挡离合器的进油单向阀损坏或漏装 （2）变速器故障灯亮故障排除 ❶ 变速箱的电子元件故障 解决方案：电脑检测，更换损坏的电子元件 ❷ 变速箱机械元件磨损严重 解决方案：维修损坏的机械元件 ❸ 发动机或者 ABS 故障发出错误的信号，干扰变速箱工作 解决方案：检测发动机和 ABS，维修损坏的电器元件 ❹ 变速器油有杂质堵塞了电磁阀 解决方案：拆卸变速器阀体进行清洁，更换变速器油 ❺ 变速箱电脑损坏 电磁阀的信号需要电脑处理。电脑坏了，信号处理异常，整车监控系统也会报电磁阀的码。很多电磁阀是集成在电脑上的 解决方案：更换变速箱电脑

2.3 自动变速器挂挡不能行驶

自动变速器挂挡不能行驶故障分析见表 2-3-1。

表 2-3-1 自动变速器挂挡不能行驶故障分析

故障现象	❶ 无论操纵手柄位于倒挡、前进挡或前进低挡，汽车都不能行驶 ❷ 冷车启动后汽车能行驶一小段路程，但热车状态下汽车不能行驶
故障原因	❶ 油泵损坏 ❷ 自动变速器油有渗漏，液压油全部漏光 ❸ 油泵进油滤网堵塞 ❹ 主油路严重泄漏 ❺ 操纵手柄和手动阀摇臂之间的连杆或拉索松脱，手动阀保持在空挡或停车挡位置
故障诊断	❶ 检查自动变速器内有无液压油。方法是拔出自动变速器的油尺，观察油尺上有无液压油。若油尺上没有液压油，说明自动变速器内的液压油已漏光。对此，应检查油底壳、液压油散热器、油管等处有无破损而导致漏油。如有严重漏油处，应修复后重新加油 ❷ 若冷车启动时主油路有一定的油压，但热车后油压即明显下降，说明油泵磨损过甚。对此，应更换油泵 ❸ 拆下主油路测压孔上的螺塞，启动发动机，将操纵手柄拨至前进挡或倒挡位置，检查测压孔内有无液压油流出 ❹ 若主油路测压孔内只有少量液压油流出，油压很低或基本上没有油压，应打开油底壳，检查油泵进油滤网有无堵塞。如无堵塞，说明油泵损坏或主油路严重泄漏，对此，应拆卸分解自动变速器，予以修理 ❺ 若主油路测压孔内没有液压油流出，应打开油底壳，检查手动阀摇臂轴与摇臂间有无松脱，手动阀阀芯有无折断或脱钩。若手动阀工作正常，则说明油泵损坏。对此，应拆卸分解自动变速器，更换油泵 ❻ 检查自动变速器操纵手柄与手动阀摇臂之间的连杆或拉索有无松脱。如果有松脱，应予以装复，并重新调整好操纵手柄的位置 ❼ 若测压孔内有大量液压油喷出，说明主油路油压正常，故障出在自动变速器中的输入轴、行星排或输出轴。对此，应拆检自动变速器

2.4 自动变速器升挡过迟

自动变速器升挡过迟故障分析见表 2-4-1。

表 2-4-1　自动变速器升挡过迟故障分析

故障现象	❶ 在汽车行驶时，升挡车速明显高于标准值，升挡前发动机转速偏高 ❷ 须采用松油门提前升挡的方法才能使自动变速器升入高挡或超速挡
故障原因	❶ 节气门拉线或节气门位置传感器调整不当 ❷ 调速器存在故障 ❸ 输出轴上调速器进出油孔的密封圈损坏 ❹ 真空式节气门阀推杆调整不当 ❺ 真空式节气门阀的真空软管或真空膜片漏气 ❻ 主油路油压或节气门油压太高 ❼ 强制降挡开关短路 ❽ 传感器故障
故障诊断	❶ 电控自动变速器应进行故障诊断。检查、调整节气门拉线或节气门位置传感器，测量节气门位置传感器电阻，如不符合标准应更换 ❷ 采用真空式节气门阀的自动变速器，应检查真空软管是否漏气。检查强制降挡开关是否短路 ❸ 测量怠速主油路油压，若油压太高，应通过节气门拉线或节气门位置传感器予以调整 ❹ 采用真空式节气门阀的自动变速器，应用减少节气门阀推杆长度的方法进行调整。若以上调整无效，应拆检油压阀或节气门阀 ❺ 测量调速器油压，调速器油压应随车速的升高而增大。将不同转速下测得的调速器油压与规定值比较，若油压太低，说明调速器存在故障或调速器油路存在泄漏 ❻ 此时应拆检自动变速器，检查调速器固定螺钉是否松动，调速器油路密封环是否损坏，阀芯是否卡滞或磨损过度。如果调速器油压正常，升挡缓慢的原因可能是换挡阀工作不良。应拆卸阀体检查，必要时更换

第3章 电气系统疑难杂症

3.1 车辆漏电

车辆漏电故障分析见表3-1-1。

表3-1-1 车辆漏电故障分析

故障现象	车辆停放一晚后电池亏电,打不着车
故障分析	休眠电流是指点火开关在关闭位置时,仍然存在的微弱电流,也叫暗电流(dark current)。正是因为这些休眠电流的存在,以及蓄电池的自然放电,导致车辆在长期停放后容易因蓄电池电量不足而无法启动 　　那么,为什么要有休眠电流呢?这是因为一些控制单元为了保持数据的记忆功能,必须长期供电。例如音响系统要记忆上次听过的频段,空调系统要记忆风向和风速设定,还有防盗系统的一些传感器也需要长期供电,以保证全天候的监控功能。这部分休眠电流的放电,属于蓄电池正常的外部放电 　　一般来说,车辆的休眠电流不应超过20.0 mA,但现代汽车的电子化程度越来越高,电器设备越来越多,线束越来越复杂,休眠电流也在同时增大。如果车辆经常出现缺电无法启动的情况,但检测蓄电池自身无问题,发电机能够正常充电,也无其他使用不当时,则需要检测车辆的休眠电流
故障原因	❶ 停车熄火时忘记关闭用电设备(如车内照明灯等),无钥匙启动系统的启动按键未关闭,车门或行李舱盖未关好,这些都是新车主容易犯的小错误。停车后点火开关损坏自行接通,或车内不经过点火开关的用电器(如点烟器、收音机、电动座椅、室内照明灯等)开关常接通。长时间停车后电器开关未关闭而导致蓄电池漏电

续表

故障原因	❷ 当蓄电池外壳有溅漏的电解液时，正负极接线柱可能连通而放电。蓄电池内部电极隔板腐蚀穿孔、损坏，或正负极板间的氧化物过多，极板直接连通造成短路，引起蓄电池内部自行放电。蓄电池存放过久，电解液中的水与硫酸因密度不同而分层，使电解液密度上小下大，形成电位差而自行放电 ❸ 当车辆在工作状态时，发电机不发电，导致蓄电池长时间给全车电器供电，也会慢慢消耗蓄电池电量 ❹ 由于汽车电器、传感器、执行器及控制单元等电子元器件故障及导线搭铁，导致锁车后某些控制单元不能正常进入休眠状态而产生蓄电池漏电。还有一些车主到非正规改装店加装用电器，未连接开关控制线路，而是直接接到蓄电池正极，导致用电设备在锁车后一直工作，从而使蓄电池亏电
故障诊断	❶ 首先使用蓄电池测试仪检查蓄电池是否老化，若测试正常，而是由于人为原因造成蓄电池放电，只需对蓄电池充电即可。如果是在车辆运行过程中蓄电池电量逐渐耗尽，则要检查发电机或充电系统是否存在故障 ❷ 如果车辆运行过程一切正常，但停驶几天后，蓄电池电量又会耗尽。首先要检查蓄电池两极柱之间是否有其他意外连接引起直接短路，然后检查各种不经过点火开关的用电器是否正常 ❸ 连接故障诊断仪，接通点火开关并读取故障码，如果有故障码，则按故障码提示进行检查 ❹ 如果没有故障码，则关闭所有用电器并锁车一段时间后，使用电流钳或将万用表串联在蓄电池负极电路中测量休眠电流。若休眠电流大于厂家要求的标准值，则逐个拔下熔丝盒内的熔丝（几乎所有的车身用电器都有熔丝）。当拔下某个熔丝的时候，休眠电流减小或是消失了，就说明是该熔丝所在电路中的用电器有异常放电，然后直接检查该用电器和相关线路就可以找到故障原因

3.2 车辆无法熄火

车辆无法熄火故障分析见表 3-2-1。

表 3-2-1 车辆无法熄火故障分析

故障现象	车辆无法熄火，点火钥匙拔不出来
故障原因	❶ 点火开关故障 ❷ 车身电脑故障

续表

故障诊断	❶ 按压点火钥匙无效，发动机无法熄火，点火钥匙也无法往外拔，仪表显示一把钥匙被锁止的黄色警告灯，根据以往经验，怀疑点火开关内部被异物卡住了，但更换点火开关无效 ❷ 用 5052 检测地址码 46，记录了一个控制单元损坏的故障 ❸ 用引导性故障查询，针对该故障码给出的测试计划是直接更换控制单元 ❹ 在 ELSA 没有找到相关 TPI，试更换 J393，故障消除 解决措施：更换 J393 附加分析：维修不能光凭经验，如果第一时间用诊断仪查询，就不用拆装点火开关 故障点评：对无法明确故障原因的电器故障应利用 VAS 诊断仪进行诊断，并根据引导性故障查询诊断车辆

3.3 一键启动失灵

一键启动失灵故障分析见表 3-3-1。

表 3-3-1 一键启动失灵故障分析

故障现象	一键启动失灵
故障原因	天线故障、钥匙故障、线路故障、控制单元故障都会引起一键启动失灵
故障诊断	❶ VAS5052A 在进入及启动许可控制单元 J518（地址码 05）中存有故障码：3284——右侧进入及启动许可天线对地短路 ❷ 进行引导性查询，对线路进行检查，拆开右后门，找到右侧天线 R201，查看电路图，R201 和 J393 直接进行通信的，在后备厢右侧找到 J393 上的 32 脚插头，分别测量 10 号、9 号针脚和传感器插头针脚 1 和 2，导通正常，并且对地和正极都没有短路，线路正常 ❸ 为了排除传感器本身的故障导致短路，用新件将旧的传感器换下，故障依旧 ❹ 排除其余的可能性，只能检查 J393 是否正常，由于替换 J393 比较麻烦，决定先查一下厂家发布的 TPI 信息，结果发现 TPI 2021214/5 高级钥匙功能失效。该 TPI 措施：若有"3284——右侧进入及启动许可天线对地短路"故障，在按照电路图和引导型故障查询检查电缆敷设没有问题且无法确定原因的情况下，更换 J393。于是找来新 J393 进行替换，故障排除

续表

| 故障诊断 | 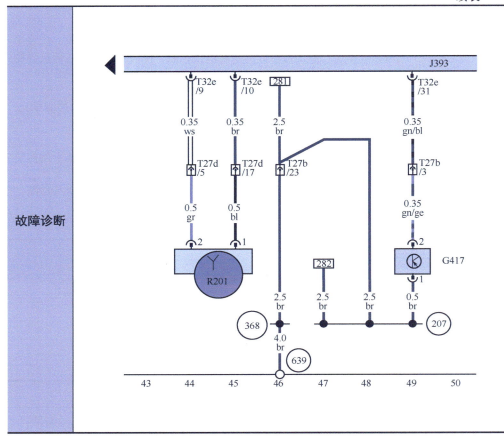 |

3.4 仪表充电指示灯点亮

3.4.1 仪表充电指示灯点亮故障分析

仪表充电指示灯点亮故障分析见表 3-4-1。

表 3-4-1 仪表充电指示灯点亮故障分析

故障现象	发电机充电指示灯点亮
故障原因	❶ 充电指示灯继电器故障 ❷ 交流发电机故障 ❸ 交流发电机线路故障

续表

故障诊断	在诊断时，可先从检查充电指示继电器触点的闭合情况入手，按照充电指示继电器→充电指示灯电路→电压调节器→交流发电机的顺序逐步进行检查 （1）汽车充电指示灯常亮不灭 当交流发电机在任何转速下，充电指示灯常亮不灭的主要原因如下： ❶充电指示继电器方面 充电指示继电器触点的闭合电压调整过度，使线圈产生的电磁吸引力难以吸合触点；充电指示继电器线圈或中性点线路断路，使继电器线圈两端无电压，无法吸合触点；充电指示继电器触点烧蚀、氧化、脏污后使其接触不良。此时，交流发电机以一定转速运行时仍可发电，但因励磁电流过小，发电机输出电流不足 ❷交流发电机方面 交流发电机定子绕组局部断路或短路，二极管断路，中性点接线柱接触不良等，引起中性点电压过低，使充电指示继电器触点难以吸合。如果属于此类故障，交流发电机应为不发电，或即使高速运转发电量也很小。在进行诊断时，可采用检查交流发电机发电情况的方法，常用的有试灯法、万用表法、直流电压表法来诊断交流发电机是否发电。如果交流发电机发电，说明故障原因在充电指示继电器方面，反之则是交流发电机本身有故障 （2）充电指示灯显示偏亮 当充电指示灯显示偏亮，甚至与其他指示灯亮度相同时，说明充电指示灯电路的电阻值降低，充电指示灯两端的电压高于正常电压，甚至达到电源电压。出现这种情况的原因：调节器F接柱连接搭铁，使充电指示灯两端的电压等于电源电压；交流发电机磁场绕组局部短路或搭铁，使磁场绕组的电阻值变小，充电指示灯两端电压过高 （3）充电指示灯显示偏暗 当充电指示灯的亮度比正常亮度偏暗时，说明充电指示灯电路的电阻值增大，充电指示灯两端的电压低于正常电压 该故障的原因是：充电指示灯电路各有关连接处接触不良；电压调节器触点烧蚀、氧化、脏污；交流发电机电刷接触不良 （4）充电指示灯时灭时亮 交流发电机工作状态正常但充电指示灯以正常亮度不断闪烁 其故障原因是：充电指示灯电路连接不良，接头松动，导线似断非断，各接头处接触不良，出现脱焊现象；充电指示继电器触点烧蚀、脏污，接触不良；有关插接器松动。另外也可能是交流发电机运转不稳引起的时灭时亮

3.4.2 充电系统电路分析

充电系统电路如图 3-4-1 所示。

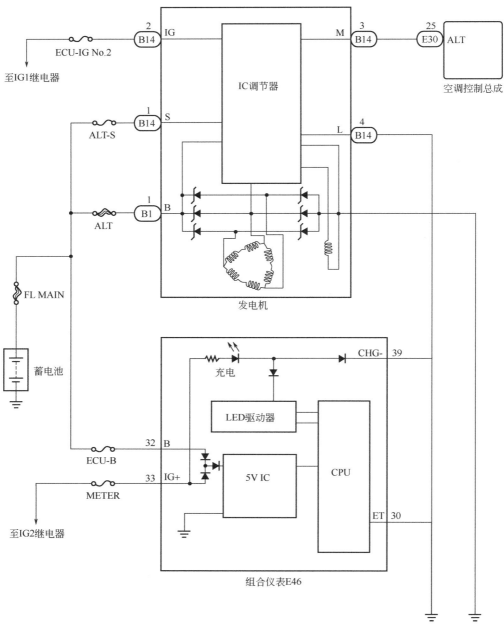

图 3-4-1 充电系统电路图

注意：
- 检查并确认蓄电池电缆连接到了正确的端子。
- 蓄电池进行快速充电时，断开蓄电池电缆。
- 请勿使用高压绝缘电阻检测仪进行测试，如兆欧表。
- 发动机运转时，切勿断开蓄电池。
- 检查并确认充电电缆螺母紧固在发电机和发动机室继电器盒的端子 B 上。

检查流程如下。

① 检查发电机离合器皮带轮的锁止功能

a. 在皮带轮安装到车辆上的情况下检查锁止功能。在发动机启动的情况下目视检查并确认发电机转子的工作情况。

b. 在皮带轮从车辆上拆下的情况下检查锁止功能（图 3-4-2）。拆下发电机皮带轮盖，顺时针转动离合器皮带轮，检查并确认外锁环锁止。

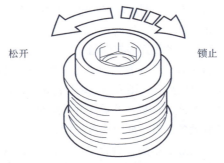

图 3-4-2　检查发电机离合器皮带轮的锁止功能

异常，则更换发电机离合器皮带轮。正常，执行下一步。

② 检查发电机离合器皮带轮是否正常锁止。

启动发动机并目视检查离合器皮带轮是否松动。

异常，则将发电机离合器皮带轮紧固到规定扭矩。正常，则更换发电机总成。

3.5　起动机不工作

3.5.1　起动机不工作故障分析

起动机不工作故障分析见表 3-5-1。

表 3-5-1　起动机不工作故障分析

故障现象	起动机不运转
故障分析	❶ 每次启动不超过 5s ❷ 两次启动之间应间隔大于 15s ❸ 发动机启动后应及时切断启动开关 ❹ 严禁挂挡启动，启动时，应挂空挡并踩下离合器
故障原因	❶ 蓄电池亏电，或连接导线断路、接头松脱 ❷ 启动继电器触点严重烧蚀或其线圈断路 ❸ 起动机电磁开关的触点严重烧蚀或其吸拉线圈断路 ❹ 起动机直流电动机内部绕组断路或短路 ❺ 起动机电枢轴弯曲，轴与轴承间隙过紧 ❻ 换向器严重烧蚀，电刷磨损过多，电刷在刷架内卡住或压刷弹簧过软
故障诊断	❶ 按下起动机开关起动机不转时，开大灯或按喇叭，检查电路是否有电。若大灯不亮，喇叭不响，则应检查蓄电池及导线是否无电或断路。若大灯亮、喇叭响，说明蓄电池有电，这时可用螺丝刀将起动机开关两接线柱搭接，若起动机空转，则是起动机开关有问题 ❷ 如果起动机不转，并伴有强烈火花，则是起动机内部有短路或搭铁处。如果既不转动，也无火花，则说明起动机内部有断路 ❸ 对于电磁操纵式起动机，若点火开关旋至启动位置，起动机不转并且听不到活动铁芯移动的声音，此时应首先检查启动继电器，看继电器几个接线柱上的导线是否完好和牢固，然后用"试灯"或"划火"方法检查继电器与蓄电池接线柱是否有电。若无电，则是接至该接线柱上的常通导线断路。如果有电，用螺丝刀把蓄电池接线柱与起动机接线柱短接，如果起动机或电磁开关立即工作，则是继电器的电路有故障。但不能接通起动机电磁开关线圈的电路。因此，应进一步检查。把点火开关旋至启动位置，检查继电器的点火接线柱是否有电。如果无电，则说明该接线柱至点火开关的导线断路、接触不良，或点火开关的启动挡不通。若有电，用螺丝刀将继电器的电枢接线柱与机壳连接搭铁，如果继电器仍无反应，说明内部线圈断路、短路、接触不良。若继电器"嗒"地一声微响，触点闭合，起动机接线柱通电，说明继电器线圈搭铁不良，回路不通（如继电器的电枢接线柱至直流发电机电枢的导线断路、接触不良、换向器表面太脏等）。短接继电器的蓄电池接线柱和起动机接线柱后，如果起动机仍不工作，应对电磁开关连接线进行检查。如果在点火开关旋至启动位置时，启动继电器"嗒"地一声微响，触点闭合并接通起动机接线柱电路，说明继电器电路正常

	续表
故障诊断	❹ 检查电磁开关时，用一根导线的一端接起动机开关的电池接线柱，另一端接电磁开关的线圈接线柱。如果这时起动机工作，说明电磁开关和起动机电路良好，继电器至电磁开关的电路不通。如仍无反应，可用螺丝刀接通起动机主电路，若起动机工作，说明起动机内部电路正常，故障是电磁开关线圈断路、接触不良或活动铁芯卡滞不能移动，应进一步检修或更换开关 若起动机仍不动，说明起动机内部断路（起动机内部断路后，吸拉线圈的回路不通，不产生磁力，吸不动活动铁芯，故电磁开关不工作），应对起动机解体修理

3.5.2 ACC 监视器故障电路分析

说明：当 ACC 输出电路（此电路从主车身 ECU 内部至 ACC 继电器）发生故障时，输出此 DTC。

提示：当使用一个新的主车身 ECU 更换原有的主车身 ECU，且与蓄电池负极（-）端子连接时，电源模式变为 IG-ON 模式。拆下并重新安装蓄电池时，将恢复拆下蓄电池时所选择的电源模式。

更换主车身 ECU 后，执行发动机停机系统的注册程序。

ACC 监视器电路如图 3-5-1 所示。

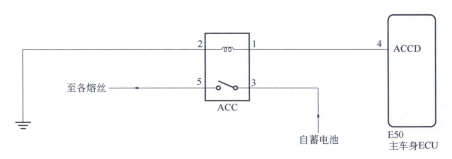

图 3-5-1　ACC 监视器电路图

检查流程如下。

（1）检查继电器（ACC 继电器）

a. 将 ACC 继电器从 5 号继电器盒上拆下（图 3-5-2）。

b. 根据图 3-5-2 和表 3-5-2 中的值测量电阻。

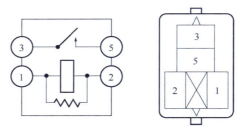

图 3-5-2 ACC 继电器

表 3-5-2 标准电阻（1）

检测仪连接	条件	规定状态
3—5	端子 1 和 2 之间未施加蓄电池电压时	10kΩ 或更大
3—5	在端子 1 和 2 之间施加蓄电池电压时	小于 1Ω

异常，则更换 ACC 继电器。正常，执行下一步。

（2）检查线束和连接器（ACC 继电器-主车身 ECU）

a. 断开 ECU 连接器 E50。

b. 根据图 3-5-3 和表 3-5-3 中的值测量电阻。

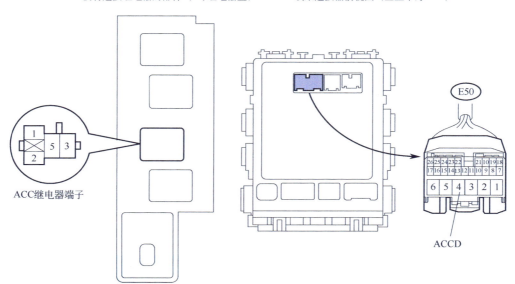

图 3-5-3 ECU 连接器 E50

表 3-5-3　标准电阻（2）

检测仪连接	条件	规定状态
5 号继电器盒 ACC 继电器端子 1—E50-4（ACCD）	始终	小于 1Ω
E50-4（ACCD）或 5 号继电器盒 ACC 继电器端子 1—车身搭铁	始终	10kΩ 或更大

异常，则维修或更换线束或连接器。正常，执行下一步。

（3）检查线束和连接器（ACC 继电器-蓄电池和车身搭铁）

a. 根据图 3-5-4 和表 3-5-4 中的值测量电阻。

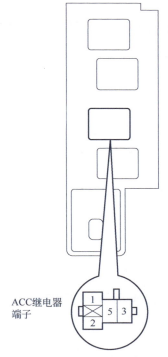

图 3-5-4　ACC 继电器端子

表 3-5-4　标准电阻（3）

检测仪连接	条件	规定状态/Ω
5 号继电器盒 ACC 继电器端子 2—车身搭铁	始终	小于 1

b. 根据图 3-5-4 和表 3-5-5 中的值测量电压。

表 3-5-5 标准电压（1）

检测仪连接	条件	规定状态 /V
5 号继电器盒 ACC 继电器端子 3—车身搭铁	始终	11～14

异常，则维修或更换线束或连接器。正常，则更换主车身 ECU（仪表板接线盒）。

3.5.3 STSW 监视器故障电路分析

说明：当主车身 ECU 内部的发动机启动请求输出电路或外部电路中发生断路、短路或其他故障时，输出此 DTC。

更换主车身 ECU 后，执行发动机停机系统的注册程序。

STSW 电路如图 3-5-5 所示。

图 3-5-5 STSW 电路图

检查流程如下。

（1）检查线束和连接器（主车身 ECU-ECM）

a. 断开 ECU 连接器 E52。

b. 断开 ECM 连接器 A50。

c. 根据图 3-5-6 和表 3-5-6 中的值测量电阻。

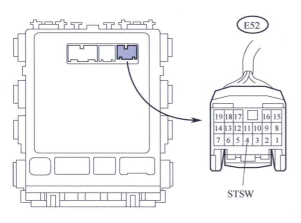
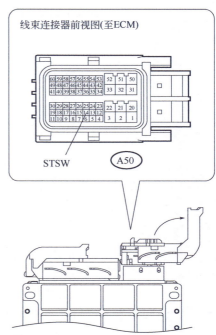

图 3-5-6　ECU 连接器 E52、ECM 连接器 A50

表 3-5-6　标准电阻（4）

检测仪连接	条件	规定状态
E52-4（STSW）—A50-14（STSW）	始终	小于 1Ω
E52-4（STSW）—车身搭铁	始终	10kΩ 或更大

异常，则维修或更换线束或连接器。正常，执行下一步。

（2）检查主车身 ECU

a. 重新连接连接器 E52。

b. 根据图 3-5-7 和表 3-5-7 中的值测量电压。

表 3-5-7　标准电压（2）

检测仪连接	条件	规定状态
E52-4（STSW）—车身搭铁	踩下制动踏板，发动机开关保持在 ON（ST）位置	端子 AM1 或 AM2 输出电压为 −2V 或更高

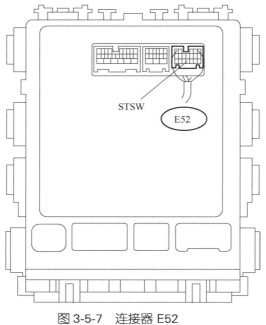

图 3-5-7　连接器 E52

异常，则更换主车身 ECU（仪表板接线盒）。正常，执行下一步。

（3）检查主车身 ECU 工作情况

a. 使用功能正常的 ECU 更换主车身 ECU 之后，检查并确认发动机可以启动。确保此时踩下制动踏板且换挡杆位置为 P。

b. 检查并确认可以通过按下发动机开关来改变发动机开关模式。

提示：未踩下制动踏板，重复按下发动机开关，发动机开关模式应为 OFF → ON（ACC）→ ON（IG），再回到 OFF。踩下制动踏板，重复按下发动机开关，发动机开关模式应从任何其他状态转到 ENGINE START（发动机启动）。

异常，则转至发动机控制系统。正常，则结束（主车身 ECU 故障）。

3.5.4　ACCR 信号电路故障分析

说明：如果 ECM 发送的 ACCR 信号为 ON 且持续 40s 或更多，主车身 ECU 将设置此 DTC。

更换主车身 ECU 后，执行发动机停机系统的注册程序。

ACCR 信号电路如图 3-5-8 所示。

检查流程如下。

图 3-5-8　ACCR 信号电路图

（1）检查线束和连接器（主车身 ECU-ECM）

a. 断开 ECU 连接器 E52。

b. 断开 ECM 连接器 A50。

c. 根据图 3-5-9 和表 3-5-8 中的值测量电阻。

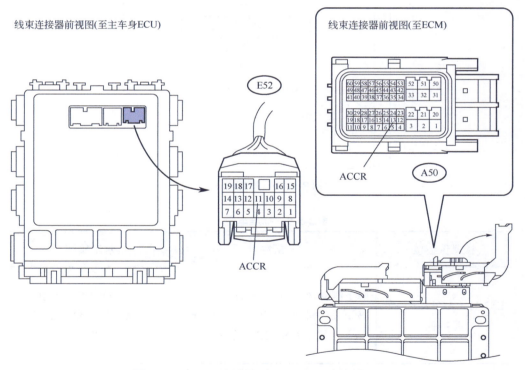

图 3-5-9　ECU 连接器 E52、ECM 连接器 A50

表 3-5-8　标准电阻（5）

检测仪连接	条件	规定状态
E52-11（ACCR）—A50-13（ACCR）	始终	小于 1Ω
E52-11（ACCR）—车身搭铁	始终	10kΩ 或更大

异常，则维修或更换线束或连接器。正常，执行下一步。

（2）检查主车身 ECU

a. 重新连接连接器 E52。

b. 根据图 3-5-10 和表 3-5-9 中的值测量电压。

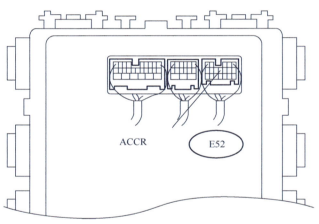

图 3-5-10　连接器 E52

表 3-5-9　标准电压（3）

检测仪连接	条件	规定状态
E52-11（ACCR）—车身搭铁	踩下制动踏板，换挡杆置于 P 位置、按下发动机开关一次→发动机开关置于 ON（IG）位置	0.1～0.8V（*1）→在端子 AM1 或 AM2 处输出电压为 -2V 或更高

异常，则更换 ECM。正常，执行下一步。

（3）检查主车身 ECU 工作情况

a. 使用功能正常的 ECU 更换主车身 ECU 之后，检查并确认发动机可以启动。确保此时踩下制动踏板且换挡杆位置为 P。

b. 检查并确认可以通过按下发动机开关来改变发动机开关模式。

提示：未踩下制动踏板，重复按下发动机开关，发动机开关模式应从 OFF → ON（ACC）→ ON（IG），再回到 OFF。踩下制动踏板，重复按下发动机开关，发动机开关模式应从任何其他状态转到 ENGINE START（发动机启动）。

异常，则更换 ECM。正常，则结束（主车身 ECU 故障）。

3.6 玻璃升降器不工作

3.6.1 玻璃升降器不工作故障分析

玻璃升降器不工作故障分析见表 3-6-1。

表 3-6-1 玻璃升降器不工作故障分析

故障现象	玻璃升降器不工作
故障原因	熔断器断路；连接导线断路或相关插接件松脱；有关继电器、开关损坏；电动机损坏；搭铁线锈蚀、松动
故障诊断	首先检查熔断器是否断路。然后检查各插接件连接是否紧固可靠；检查电源线是否有电，电压是否正常；检查搭铁线搭铁是否良好可靠。最后检查开关、继电器及电动机是否损坏。如确属零部件损坏，则应更换新件

3.6.2 电动车窗主开关电路分析

说明：该电路将来自电动车窗主开关的信号发送至电动车窗开关。

电动车窗开关电路如图 3-6-1 所示。

检查流程如下。

（1）检查线束和连接器（电动车窗主开关-蓄电池和车身搭铁）

a. 断开连接器 I3。

b. 根据图 3-6-2 和表 3-6-2、表 3-6-3 中的值测量电压和电阻。

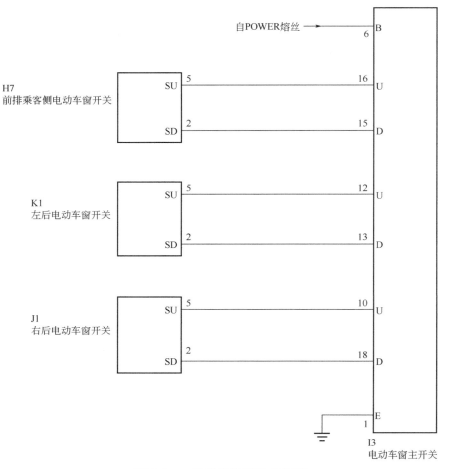

图 3-6-1　电动车窗开关电路图

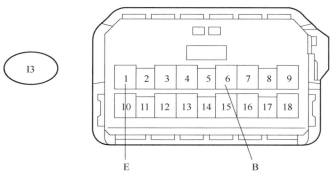

图 3-6-2　连接器 I3

表 3-6-2 标准电压（4）

检测仪连接	条件	规定状态 /V
I3-6（B）—车身搭铁	点火开关置于 ON（IG）位置	11～14

表 3-6-3 标准电阻（6）

检测仪连接	条件	规定状态 /Ω
I3-1（E）—车身搭铁	始终	小于 1

异常，则维修或更换线束或连接器。正常，执行下一步。

（2）检查电动车窗主开关

根据图 3-6-3 和表 3-6-4 中的值测量电阻。

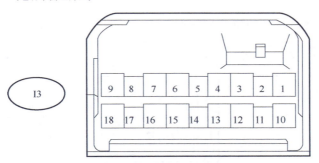

图 3-6-3 电动车窗主开关

表 3-6-4 标准电阻（7）

检测仪连接	条件	规定状态 /Ω
6（B）—16（U） 15（D）—1（E）	UP（前排乘客侧）	小于 1
6（B）—15（D） 16（U）—1（E）	DOWN（前排乘客侧）	小于 1
6（B）—12（U） 13（D）—1（E）	UP（左后）	小于 1
6（B）—13（D） 12（U）—1（E）	DOWN（左后）	小于 1

续表

检测仪连接	条件	规定状态/Ω
6（B）—10（U） 18（D）—1（E）	UP（右后）	小于1
6（B）—18（D） 10（U）—1（E）	DOWN（右后）	小于1

异常，则更换电动车窗主开关。正常，执行下一步。

(3) 检查线束和连接器（主开关-前排乘客、左后、右后开关）

a. 前排乘客侧：

断开连接器 I3 和 H7。

根据图 3-6-4 和表 3-6-5 中的值测量电阻。

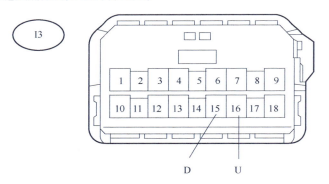

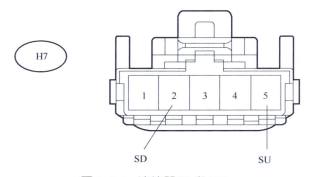

图 3-6-4　连接器 I3 和 H7

表 3-6-5 标准电阻（8）

检测仪连接	条件	规定状态
I3-16（U）—H7-5（SU）	始终	小于 1Ω
I3-15（D）—H7-2（SD）	始终	小于 1Ω
I3-16（U）—车身搭铁	始终	10kΩ 或更大
I3-15（D）—车身搭铁	始终	10kΩ 或更大

b. 左后侧：

断开连接器 K1。

根据图 3-6-5 和表 3-6-6 中的值测量电阻。

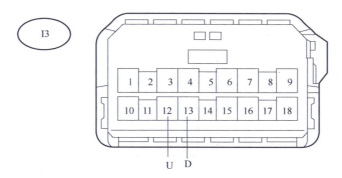

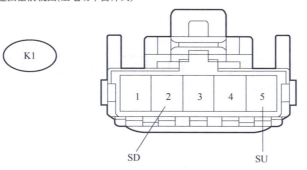

图 3-6-5 连接器 I3 和 K1

表 3-6-6　标准电阻（9）

检测仪连接	条件	规定状态
I3-12（U）—K1-5（SU）	始终	小于 1Ω
I3-13（D）—K1-2（SD）	始终	小于 1Ω
I3-12（U）—车身搭铁	始终	10kΩ 或更大
I3-13（D）—车身搭铁	始终	10kΩ 或更大

c. 右后侧：

断开连接器 J1。

根据图 3-6-6 和表 3-6-7 中的值测量电阻。

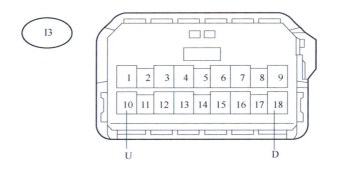

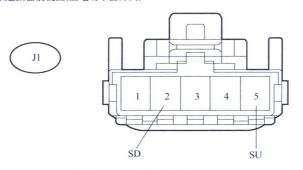

图 3-6-6　连接器 I3 和 J1

表 3-6-7 标准电阻（10）

检测仪连接	条件	规定状态
I3-10（U）—J1-5（SU）	始终	小于 1Ω
I3-18（D）—J1-2（SD）	始终	小于 1Ω
I3-10（U）—车身搭铁	始终	10kΩ 或更大
I3-18（D）—车身搭铁	始终	10kΩ 或更大

异常，则维修或更换线束或连接器。正常，则继续检查故障症状表中所示的下一个电路。

3.7 信息娱乐系统功能失效

信息娱乐系统功能失效故障分析见表 3-7-1。

表 3-7-1 信息娱乐系统功能失效故障分析

故障现象	信息娱乐系统功能失效
故障原因	针对信息娱乐系统功能失效这个故障点分析，可能有以下几种原因： ❶ 数据总线诊断接口 J533 损坏 ❷ 信息电子控制单元 J794 损坏 ❸ 收音机损坏 ❹ 媒体播放机损坏 ❺ 多媒体系统操作单元 E380 损坏 ❻ 数字音响控制单元 J525 损坏 ❼ MMI-显示屏 J685 损坏
故障诊断	首先用 VAS6150B 进行电脑检测，显示信息娱乐系统控制单元全部可以到达。但信息娱乐诊断系统控制单元全部无法进行车辆自诊断，用 VAS6150B 进行引导性故障查寻，做回路中断诊断，显示无法进行

续表

故障诊断	  便携式万用表检查数据总线诊断接口 J533、信息电子控制单元 J794、收音机、媒体播放机、多媒体系统操作单元 E380、数字音响控制单元 J525、MMI- 显示屏 J685 供电线及搭铁线时，发现后备厢右侧熔丝座 ST1（黑色）、SF2、收音机熔丝熔断，更换后故障排除 解决措施：更换 ST1、SF2、收音机熔丝

3.8 发电机异常故障

发电机异常故障分析见表 3-8-1。

表 3-8-1 发电机异常故障分析

	一、发电机过热
故障诊断	❶ 发电机没有按规定的技术条件运行，如定子电压过高，铁损增大；负荷电流过大，定子绕组铜损增大；频率过低，使冷却风扇转速变慢，影响发电机散热；功率因数太低，使转子励磁电流增大，造成转子发热。应检查监视仪表的指示是否正常，如不正常，要进行必要的调节和处理，使发电机按照规定的技术条件运行 ❷ 发电机的三相负荷电流不平衡，过载的一相绕组会过热。若三相电流之差超过额定电流的 10%，即属于严重三相电流不平衡。三相电流不平衡会产生负序磁场，从而增加损耗，引起磁极绕组及套箍等部件发热。应调整三相负荷，使各相电流尽量保持平衡 ❸ 风道被积尘堵塞，通风不良，造成发电机散热困难。应清除风道积尘、油垢、使风道畅通

续表

故障诊断	❹ 进风温度过高或进水温度过高，冷却器有堵塞现象。应降低进风或进水温度，清除冷却器内的堵塞物。在故障未排除前，应限制发电机负荷，以降低发电机温度 ❺ 轴承加润滑脂过多或过少。应按规定加润滑脂，通常为轴承室的 1/2～1/3（转速低的取上限，转速高的取下限），并以不超过轴承室的 70%为宜 ❻ 轴承磨损。若磨损不严重，轴承局部过热；若磨损严重，有可能使定子和转子摩擦，造成定子和转子局部过热。应检查轴承有无噪声，若发现定子和转子摩擦，应进行检修或更换轴承 ❼ 定子铁芯绝缘损坏，引起片间短路，造成铁芯局部的涡流损失增加而发热，严重时会使定子绕组损坏。应进行检修 ❽ 定子绕组的并联导线断裂，使其他导线的电流增大而发热。应进行检修
二、发电机中性线对地有异常电压	
故障诊断	❶ 正常情况下，由于高次谐波影响或制造工艺等原因造成各磁极下的气隙不均、磁势不等而出现很低的电压，若电压在一至几伏，不会有危险，不必处理 ❷ 发电机绕组有短路或对地绝缘不良，导致电气设备及发电机性能损坏，容易发热，应及时检修，以免事故扩大 ❸ 空载时中性线对地无电压，而有负荷时出现电压，是由于三相不平衡引起的，应调整三相负荷使其基本平衡
三、发电机电流过大	
故障诊断	❶ 负荷过大，应减轻负荷 ❷ 输电线路发生相间短路或接地故障，应对线路进行检修，故障排除后即可恢复正常
四、发电机端电压过高	
故障诊断	励磁装置的故障引起过励磁，应及时检修励磁装置

	五、定子绕组绝缘击穿、短路
故障诊断	❶ 定子绕组受潮。对于长期停用或经较长时间未检修的发电机，投入运行前应测量绝缘电阻，不合格者不准投入运行。受潮发电机要进行烘干处理 ❷ 绕组本身缺陷或检修工艺不当，造成绕组绝缘击穿或机械损伤。应按规定的绝缘等级选择绝缘材料，嵌装绕组及浸漆干燥等要严格按工艺要求进行 ❸ 绕组过热。绕组过热后会使绝缘性能降低，有时在高温下会很快造成绝缘击穿。应加强检查，防止发电机各部分发生过热而损坏绕组绝缘 ❹ 绝缘老化。一般发电机运行 15～20 年，其绕组绝缘会老化，电气性能变差，甚至使绝缘击穿。要做好发电机的检修及预防性工作，若发现绝缘不合格，应及时更换有缺陷的绕组，以延长发电机的使用寿命 ❺ 发电机内部进入金属异物。在检修发电机后切勿将金属物件、零件或工具遗落到定子膛中；绑紧转子的绑扎线、紧固端部零件，以不致发生由于离心力作用而松脱
	六、定子铁芯松弛
故障诊断	由于制造装配不当，铁芯没有紧固好。如果是整个铁芯松弛，可用两块小于定子绕组端部内径的铁板，穿上双头螺栓，收紧铁芯。待恢复原形后，再将铁芯原来夹紧螺栓紧固。如果局部性铁芯松弛，可先在松弛片间涂刷硅钢片漆，再在松弛部分打入硬质绝缘材料即可
	七、铁芯片间短路
故障诊断	❶ 铁芯片松弛，当发电机运转时铁芯产生振动而损坏绝缘；铁芯片个别地方绝缘受损伤或铁芯局部过热，使绝缘老化，应及时更换 ❷ 铁芯片边缘有毛刺或检修时受机械损伤。应用细锉刀除去毛刺，修整损伤处，清洁表面，再涂上一层硅钢片漆 ❸ 有焊锡或铜粒短接铁芯，应刮除或凿除金属熔接焊点，处理好表面 ❹ 绕组发生弧光短路，也可能造成铁芯短路，应将烧损部分用凿子清除后，处理好表面

3.9 制动系统警告灯常亮故障

3.9.1 制动系统警告灯常亮故障分析

制动系统警告灯常亮故障分析见表 3-9-1。

表 3-9-1 制动系统警告灯常亮故障分析

故障现象	制动系统警告灯常亮
故障原因	（1）手刹没有松开或者是没有松到底（检查手刹） （2）刹车油液不足（检查刹车油壶液位） （3）汽车制动系统故障灯经常亮的原因 ❶ ABS 功能失效 ❷ 刹车片磨损严重，已经失效 ❸ 刹车油不符合要求 制动系统出现异常，表现在制动不良或失灵、制动单边跑偏、制动噪声、制动拖滞引起的制动鼓发热、驻车制动器失灵。如果是刹车油不足，可能会影响刹车性能和行驶安全，应当及时检修
故障诊断	（1）手刹灯常亮 绝大多数车都有刹车油位报警灯，刹车油位报警灯通常和手刹共用一个警示灯。所以当释放了手刹后，红色的手刹灯仍然常亮，就需要检查是不是刹车油液位低了。还有部分车型则把刹车油的更换里程输入至车内 ECU，当行驶一定里程后，ECU 会在仪表盘或多媒体屏幕上提示需要更换刹车油 （2）刹车片变薄会引起刹车灯报警 由于刹车片在行驶过程中会逐渐变薄，随后刹车分泵内的活塞就会渐渐地调整刹车片因为磨损而产生的间隙。其次活塞是由刹车油在施加压力时产生的推力推动的，所以在活塞调整间隙后就导致刹车分泵内部的空间增大，多出来的位置就需要由刹车油填充，最终导致刹车油壶内的油液位置下降，对于这类问题可以适量补充刹车油或直接更换刹车片 （3）系统有漏油的地方 刹车分泵、油管如有漏油，也会造成刹车油壶内的刹车油液面过低，引起报警。对于这类情况应立即检查漏液的地方并进行修理更换。另外，如果刹车片上粘有油渍，必须清理干净或直接更换

故障诊断	（4）上坡时油液倾倒、翻滚 有些时候，在平坦路面驾驶时一切正常。而当驾车上坡或急刹车时，由于坡度过大，油液翻滚，造成液面指示器的假报警。对于这种偶发的报警，适量补充刹车油就可以了 （5）制动系统警告灯常亮故障排除方法 ❶检查制动液液面是否正常 ❷检查线束（组合仪表总成：电源、接地） ●将点火开关转到 OFF ●将负极（-）端子电缆从蓄电池上断开 ●从组合仪表总成上断开 IP03 连接器 ●将负极（-）端子电缆连接到蓄电池上 ●将点火开关转到 ON（IG） ●用万用表测量连接器 IP03 端子 24、32 分别与车身接地之间的电压。标准电压：11～14V ●将点火开关转到 OFF ●用万用表测量连接器 IP03 端子 15、16 分别与车身接地之间的电阻。标准电阻：小于 1Ω ❸检查制动液液位传感器 ●断开制动液液位传感器线束连接器 ●用万用表测量制动液液位传感器的 2 个端子之间的电阻。标准电阻：10kΩ 或更大 ●确认电阻值是否符合标准 ❹检查制动液液面传感器的线束 ●断开组合仪表线束连接器 IP03 ●用万用表测量 IP03 端子 11 与 CA20 端子 1 之间的电阻 ●用万用表测量 CA20 端子 2 与车身接地之间的电阻。标准电阻：小于 1Ω ❺检查是否是组合仪表故障 ●更换组合仪表 ●确认修理完成

3.9.2　电路分析

说明：

防滑控制 ECU 通过 CAN 通信系统连接到组合仪表。

如果检测到下列任一情况，制动警告灯一直亮起且多信息显示屏显示警告

信息:

① 防滑控制 ECU 连接器从防滑控制 ECU 上断开;

② 制动液液位过低;

③ 施加了驻车制动;

④ EBD 操作被禁用。

制动系统电路如图 3-9-1 所示。

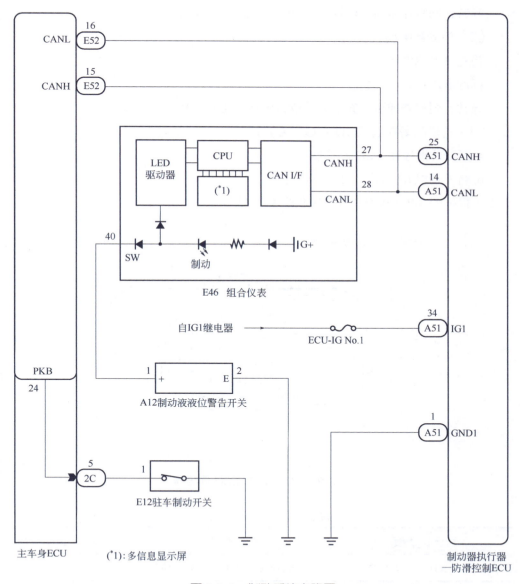

图 3-9-1 制动系统电路图

检查流程如下。

(1) 检查 CAN 通信系统

检查是否输出 CAN 通信系统 DTC。

如果有故障码，检查 CAN 通信系统。正常，执行下一步。

(2) 检查防滑控制 ECU 连接器是否连接牢固

检查防滑控制 ECU 连接器是否连接牢固。

异常，则将连接器正确连接至 ECU。正常，执行下一步。

(3) 检查蓄电池

检查蓄电池电压。

标准电压：11～14 V。

异常，则检查或更换充电系统或蓄电池。正常，执行下一步。

(4) 检查防滑控制 ECU（IG1 端子）

a. 断开防滑控制 ECU 连接器。

b. 将发动机开关置于 ON（IG）位置。

c. 根据图 3-9-2 和表 3-9-2 中的值测量电压。

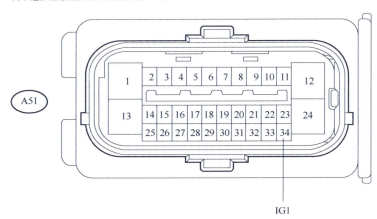

图 3-9-2 防滑控制 ECU 连接器

表 3-9-2 标准电压（5）

检测仪连接	开关条件	规定状态 /V
A51-34（IG1）—车身搭铁	发动机开关置于 ON（IG）位置	11～14

异常，则维修或更换线束或连接器（IG1 电路）。正常，执行下一步。

（5）检查防滑控制 ECU（GND1 端子）

a. 将发动机开关置于 OFF 位置。

b. 根据图 3-9-3 和表 3-9-3 中的值测量电阻。

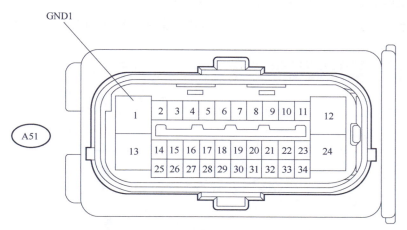

图 3-9-3 防滑控制 ECU（GND1 端子）

表 3-9-3 标准电阻（11）

检测仪连接	条件	规定状态 /Ω
A51-1（GND1）—车身搭铁	始终	小于 1

异常，则维修或更换线束或连接器（GND1 电路）。正常，执行下一步。

（6）读取智能检测仪上的值（驻车制动开关）

a. 重新连接防滑控制 ECU 连接器。

b. 连接诊断仪。

表 3-9-4 ABS/VSC/TRC 数据流

检测仪显示	测量项目 / 范围	正常状态
Parking Brake SW	驻车制动开关 /ON 或 OFF	ON：拉紧驻车制动器 OFF：松开驻车制动器

c. 使用检测仪检查操作驻车制动踏板时开关操作的情况（表 3-9-4）。

异常,则检查驻车制动开关。正常,执行下一步。

(7)检查制动液液位警告开关

a. 将发动机开关置于 OFF 位置。

b. 拆下储液罐加注口盖和滤网。

c. 断开制动液液位警告开关连接器。

d. 根据图 3-9-4 和表 3-9-5 中的值测量电阻。

提示: 浮子位于储液罐内。其位置随制动液液位的升高或降低而变化。

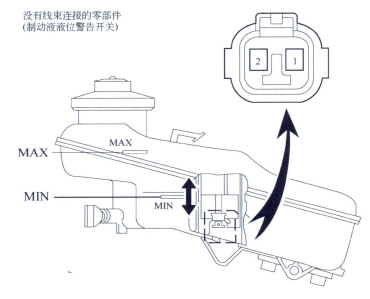

图 3-9-4　制动液液位警告开关连接器

表 3-9-5　标准电阻(12)

检测仪连接	开关状态	规定状态
1—2	开关 OFF(上浮)	1.9~2.1kΩ
1—2	开关 ON(下沉)	小于 1Ω

提示: 完成上述检查后,如果没有发现故障,应将制动液液位调节至 MAX 位置。

异常,则更换制动主缸储液罐总成(制动液液位警告开关)。正常,执行下一步。

（8）检查线束和连接器（组合仪表-制动液液位警告开关）

a. 断开组合仪表连接器。

b. 根据图 3-9-5 和表 3-9-6 中的值测量电阻。

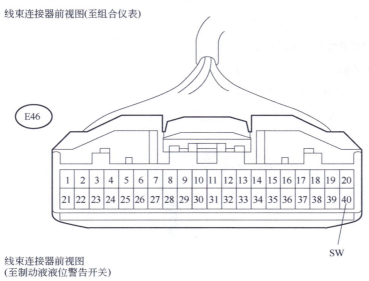

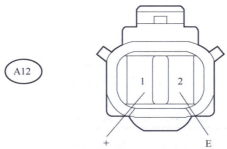

图 3-9-5　组合仪表连接器

表 3-9-6　标准电阻（13）

检测仪连接	条件	规定状态
E46-40（SW）—A12-1（+）	始终	小于 1Ω
E46-40（SW）—车身搭铁	始终	10kΩ 或更大
A12-2（E）—车身搭铁	始终	小于 1Ω

异常,则维修或更换线束或连接器。正常,执行下一步。

(9)检查组合仪表总成

a. 使用检测仪执行组合仪表(仪表 CPU)的主动测试。

b. 检查组合仪表。

提示:重新安装连接器并将车辆恢复到检查组合仪表之前的状态。

异常,则更换组合仪表总成。正常,执行下一步。

(10)检查驻车制动开关

a. 将发动机开关置于 OFF 位置。

b. 断开驻车制动开关连接器。

c. 根据图 3-9-6 和表 3-9-7 中的值测量电阻。

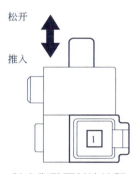

图 3-9-6　驻车制动开关连接器

表 3-9-7　标准电阻(14)

检测仪连接	开关状态	规定状态
1—车身搭铁	驻车制动开关打开(松开开关销)	小于 1Ω
1—车身搭铁	驻车制动开关关闭(推入开关销)	10kΩ 或更大

异常,则更换驻车制动开关。正常,执行下一步。

(11)检查线束和连接器(主车身 ECU-驻车制动开关)

a. 断开主车身 ECU 连接器。

b. 根据图 3-9-7 和表 3-9-8 中的值测量电阻。

线束连接器前视图(至主车身ECU)

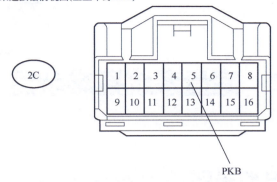

线束连接器前视图(至驻车制动开关)

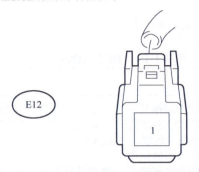

图 3-9-7　主车身 ECU 连接器、驻车制动开关连接器

表 3-9-8　标准电阻（15）

检测仪连接	条件	规定状态
2C-5（PKB）—E12-1	始终	小于 1Ω
2C-5（PKB）—车身搭铁	始终	10kΩ 或更大

异常，则维修或更换线束或连接器。正常，则更换主车身 ECU（仪表板接线盒）。

第 4 章 底盘系统疑难杂症

4.1 ABS 灯报警

ABS 灯报警故障分析见表 4-1-1。

表 4-1-1　ABS 灯报警故障分析

故障现象	ABS 灯报警
故障分析	ABS 是汽车制动防抱死系统。其作用是在汽车制动时，自动控制制动器制动力的大小，使车轮不被抱死，处于边滚边滑（滑移率在 20% 左右）的状态，以保证车轮与地面的附着力在最大值 ❶ ABS 轮速传感器的问题 轮速传感器布置在车轮上，很容易被泥土、泥浆污染，传感器上覆盖大量泥土，会影响到车速信号的传递，ABS 无法判断车速信号，就会报警。此时清洁传感器上的脏污，调整传感器与信号齿圈的间隙即可。如果轮速传感器损坏，只能更换 ❷ 线路连接故障 这也是比较常见的一种故障，虽说各个车都有 ABS 系统，但因工艺不同装配质量及材料其实还是有所差异的。轮速传感器插线松脱的故障比较多，可重点检查。线路的排查是一件很麻烦的事情，所以在处理的时候一定要有耐心，最好是把每个插头都检查一遍，包括相关熔丝的接触情况以及搭铁线的搭铁情况 ❸ ABS 控制单元（ECU）编程的问题 很可能是控制单元内的数据不匹配或数据不正确，需重新调整数据。这一项需要用到专用的检测电脑 ❹ ABS 总泵的问题 ABS 总泵内部故障 ❺ ABS 控制单元（ECU）电路板故障 需要更换电脑。但这种故障概率很小，有的车甚至 ABS 控制单元的电路板还是可以进行简单维修的，比如焊接点的脱落等 综上所述，ABS 故障灯亮，意味着 ABS 可能会不起作用，即车轮存在抱死的风险，但对正常的制动系统以及正常的驾驶是没什么影响的，所以 ABS 故障灯亮不用过分担心，车子还是可以继续开的，但也要及时维修。在特殊情况下，如果 ABS 能及时启动，反而能够最大限度地降低行车风险

续表

故障诊断	（1）用诊断仪访问 ABS 控制模块 检查是否输出了 DTC，如果是，根据输出的 DTC 维修电路 （2）检查蓄电池 ❶ 用万用表测量蓄电池电压。标准电压：11～14V ❷ 确认电压是否符合标准值，检查蓄电池或检查充电系统 （3）检查 ABS 控制模块线束连接器是否正确连接 （4）检查 ABS 控制模块线束连接器端子电压 ❶ 关闭点火开关 ❷ 断开控制模块线束连接器 ❸ 打开点火开关 ❹ 用万用表测量线束连接器 CA13 端子 1、25 及 32 对车身接地的电压。标准电压：11～14V ❺ 确认电压是否符合标准值 （5）检查 ABS 控制模块线束连接器接地端子导通性 ❶ 用万用表测量连接器 CA13 端子 13、38 与车身接地之间的电阻。标准电阻：小于 1Ω ❷ 确认电阻是否符合标准值 （6）更换液压电子控制单元总成 ❶ 更换液压电子控制单元 ❷ 连接蓄电池正极 ❸ 打开点火开关，确认 ABS 警告灯是否点亮后熄灭 （7）检查组合仪表 ❶ 连接诊断仪 ❷ 在功能测试上选择"主动测试" ❸ 检查 ABS 警告灯是否工作正常 （8）检查组合仪表控制单元 ❶ 断开蓄电池负极 ❷ 更换组合仪表控制单元 ❸ 确认修理完 ABS

4.2 胎压监测报警

胎压监测报警故障分析见表 4-2-1。

表 4-2-1　胎压监测报警故障分析

故障现象	胎压监测报警
故障原因	❶ 轮胎被扎引起的胎压监测灯亮 ❷ 胎压监测灯亮有时是胎压过高 标准型轮胎：240～250kPa 增强型轮胎：280～290kPa 最高气压：不应大于 350kPa 有的轮胎超过 300kPa 也会触发胎压监测灯亮 ❸ 低胎压行车时间过长引起的胎压监测灯亮 这种情况通常发生在：某个轮胎胎压过低，高速运转使胎温升高，进而引起胎压升高 ❹ 久未加气的胎压变低引起的胎压监测灯亮 当胎压低于 180kPa 时，引起胎压监测灯亮，在汽车出现这种情况时，若是胎压监测器没有及时报警，就是胎压监测器出现问题；如果是点火开关 ON/START 指示灯与 TPMS 指示灯同时亮 2s 后熄灭，那这种情况要么是车辆原装的接收器未进行学习绑定，要么就是曾经更换过接收控制器，并且该接收控制器未经过学习绑定
故障诊断	（1）用诊断仪访问 TPMS 控制单元 检查是否输出了 DTC，根据输出的 DTC 维修电路 （2）检查蓄电池电压 ❶ 用万用表测量蓄电池电压。标准电压：12～14V ❷ 确认电压是否符合标准值 不符合应检查并更换蓄电池或充电系统 （3）检查 TPMS 控制单元电源 ❶ 断开蓄电池负极电缆 ❷ 断开 TPMS 控制单元线束连接器 ❸ 连接蓄电池负极电缆 ❹ 用万用表测量控制单元线束连接器 IP38 端子 1 与车身接地之间的电压。标准电压：12～14V ❺ 确认电压值是否符合标准 （4）检查 TPMS 控制单元接地 ❶ 用万用表测量 IP38 端子 9 与车身接地之间的电阻。标准电阻：小于 1Ω ❷ 确认电阻是否符合标准值

续表

故障诊断	（5）检查TPMS控制单元点火开关信号 ❶ 把点火开关转至ON位置 ❷ 用万用表测量连接器IP8端子2与车身接地之间的电压。标准电压：12～14V ❸ 确认电压是否符合标准值 （6）检查TPMS控制单元 ❶ 断开蓄电池负极 ❷ 更换TPMS控制单元 ❸ 确认修理完成

4.3 高速行驶车身抖动

高速行驶车身抖动故障分析见表4-3-1。

表4-3-1 高速行驶车身抖动故障分析

故障现象	高速行驶车身抖动，随着车速的提高，抖动逐渐强烈
故障原因	在某一较高车速出现摆振抖动，并引起方向盘抖动时，先架起驱动桥，前轮加安全塞块，启动发动机并逐步换入高速挡，使驱动轮达到摆振速度。若此时车身和方向盘都出现抖动，则为传动系统引起的摆振抖动，因为此时前轮前桥处于静止状态。若达到终试摆振速度，汽车不出现抖动，则振摆的原因为汽车前桥部分存在故障
故障诊断	❶ 检查前轮各定位角和前束是否符合要求，如失准应调整 ❷ 架起前桥试转车轮，检查车轮静平衡情况及轮胎是否变形过大。必要时可更换车轮进行对比试验 ❸ 检查前轴、车架是否变形，检查传动轴是否弯曲，有条件时应做传动轴动平衡检测 ❹ 检查前钢板弹簧的刚度、减振器的效能以及弹簧支架铆钉有无松动等，性能不符合规范时应更换

4.4 汽车行驶高速摆振

汽车行驶高速摆振故障分析见表 4-4-1。

表 4-4-1　汽车行驶高速摆振故障分析

故障现象	汽车行驶高速摆振
故障原因	高速摆振是发生在较高行驶车速（40～70km/h）时的一种摆振现象。它的出现与车速有关。只要在此速度区，路面上一点冲击（没有冲击是不可能的）就会使前轮左右摆动，当速度低于或高于该速度区间就不会摆振 一般是低速摆振的因素导致高速摆振；前轮胎使用修补的轮胎引起不平衡；前轮轮辋摆差太大（3～5mm），拱曲变形；传动系统的部件安装松动，传动轴弯曲，动平衡不符合规定；减振器失效，车架变形、铆钉松动；前轴变形或前钢板弹簧刚度不一致
故障诊断	顶起驱动桥，前轮加安全塞块，启动发动机，逐步换入高速挡，使驱动轮达到摆振速度。如果此时出现摆振现象，则是传动系统故障；如果不出现摆振现象，则是转向桥的故障。顶起转向桥，转动车轮检查静平衡情况和钢圈是否偏摆过大，必要时可换装良好的轮辋进行对比试验。检查减振器效能，其方法是用力扳动前保险杠（上下运动），查看减振器是否在伸张（或压缩）行程内动作，若车身上下颠簸2～3次后就停，也无异响，证明减振器良好（其中也含有钢板弹簧的刚度）。用尺测量前钢板弹簧前后端高度，将两侧的数据进行比较，误差范围应为15～20mm，否则应检修。准确地检查高速摆振有时需借助于测试仪器。在无测试仪器的情况下也常采用换件比较法诊断 汽车行驶高速摆振维修注意事项： 一是随着车速的提高摆振逐渐强烈 二是在某一较高车速出现摆振

4.5 前轮磨损异常

前轮磨损异常故障分析见表 4-5-1。

表 4-5-1　前轮磨损异常故障分析

故障现象	前轮磨损异常
故障分析	轮胎异常磨损是指正常轮胎在行驶过程中所发生的磨损速度加快，胎面形状出现异常的状态。汽车在正常使用过程中，轮胎损坏的形式很多，但常见的损坏形式是轮胎的异常磨损。它大大缩短了轮胎的正常使用寿命，说明车辆使用中存在隐患，应该根据轮胎的磨损特征找出原因，采取有效措施及时排除，延长轮胎的使用寿命
故障原因及解决办法	（1）外侧边缘磨损 原因：如果轮胎的外侧边缘有较大的磨损，说明轮胎经常处于充气不足的状态，即压力不够 **解决办法**：多检查几次轮胎压力 （2）凸状及波纹状磨损 原因：假如发现轮胎着地部分的两侧呈凸状磨损，而且轮胎周边也呈波纹状磨损，说明车的减震器、轴承及球形联轴节等部件磨损较为严重 **解决办法**：建议在更换轮胎前，先检查悬挂系统的磨损情况，更换磨损部件。否则，即使更换轮胎也无济于事 （3）表面均匀磨损 原因：轮胎的均匀磨损是正常现象，一旦花纹磨干，说明轮胎必须更换 **解决办法**：如果磨损已达轮胎花纹的标准深度（通常为剩余 1.6mm，宽度大于 175mm 的轮胎则为剩余 2mm 深度）就要更换。同一根车轴上不同轮胎的磨损差别不得超过 5mm （4）轮胎内的"暗伤" 原因：车辆与硬物发生冲撞后，或在瘪胎状态下行驶后，轮胎的橡胶层会有严重划痕，影响密封程度 **解决办法**：在此情况下轮胎会漏气、破裂。如创面较小可以修补，以应不时之需。但若想长途行驶则必须立即更换 （5）中心部分磨损 原因：如果发现轮胎着地部分的中心面积出现严重磨损的情况，则表明轮胎经常处于充气过满的状态，这会加速轮胎的磨损 **解决办法**：检查一下压力表是否精确，调整好压力。只有在高速行驶或载重行驶的时候才需给轮胎过分充气，在一般状态下则大可不必 （6）轮胎侧面裂纹 原因：保养不善或行驶于多石子的路面及建筑工地上，以致坚硬物体接触到轮胎，在重压下造成轮胎内层的破损

续表

故障原因及解决办法	**解决办法**：如修理费用不太高，以更换轮胎为妥。现在的轮胎比早先更"娇气"，要妥善保养 （7）轮胎出现鼓泡 **原因**：轮胎内层有裂纹而造成气体通过裂纹达到表层，最终会导致轮胎"放炮" **解决办法**：最好及时更换轮胎，特别是在驾车跑长途的情况下 （8）轮胎内侧磨损 **原因**：轮胎内侧磨损，外层边缘呈毛刺状。常见到一些旧车的悬挂系统不良，使整个车身深陷下去。这表明轮胎变形，两个轮胎的对称性已受影响 **解决办法**：最好把减振器、球形联轴节等配件全部更换。如费用太高，则应先找专业修理工调校前桥与轮胎的角度 （9）轮胎局部磨损 **原因**：如果轮胎表面只有一块大面积磨损，说明是紧急刹车时别住车轮所造成的，而如果前后轮有两块相同的磨损，就说明鼓式制动器有问题了 **解决办法**：必须更换轮胎。为应付急用可以把旧轮胎暂时换到后轮，以保证安全
轮胎调整措施	（1）轮胎换位及安装 　　为了使全车轮胎磨损均衡，避免不正常磨损和损坏，应适时进行轮胎换位，其方法有交叉换位法、循环换位法、混合换位法和同轴换位法。其中用得较多的，而且效果较好的是交叉换位法。其优点是：对拱形路面的适应性好，能更好地保证各条轮胎均衡磨损。换位时不用从轮辋上拆胎调面，并且备胎也可参加换位。交叉换位法应用广泛。如果已经选定此法，应始终按所选定的方法换位。车轮向车上装复时，带有旋转方向的轮辋上有"人"字花纹轮胎，应按规定方向装用。装后轮双胎时，两个气门嘴应对面（相隔180°）装入，并且气门嘴和制动鼓与蹄片的间隙检查孔要错开。后轮双胎中，高、低压胎或大、小花纹轮胎不可混装。若两胎磨损不均，可将磨损大的装在外面，以适应拱形路面 （2）调整转向盘转向角度 　　转向盘转向角度过大造成轮胎波浪状磨损。调整方法是：将汽车停置于平地，保持直线行驶位置。转动转向盘，在一定范围内车轮并不偏转，表明转向盘自由行程很大，但转动过程中并无卡滞，说明转向器中齿轮齿条并无异常磨损。将汽车置于举升架上，检查转向连接球头销、连接螺栓无松旷，表明故障不在此处。综合以上诊断，结论是转向器间隙过大，导致转向盘自由行程过大。松开转向器上锁紧螺母，用内六角扳手转动调整螺栓，消除齿轮与齿条的啮合间隙，然后再将锁紧螺母锁紧（注意：不要使调整螺栓同螺母

续表

轮胎调整措施	一起转动）。转向系统中各运动副均无间隙配合，即转向盘为无自由行程。所以一旦感到转向盘有了自由行程，则要调整和检查球头销、球头座及弹簧。若是转向器间隙较大，就可能导致转向盘产生很大的自由行程（游隙），这样在转向盘转向时就会有很大的空转角度，并会产生转向盘的振颤现象，有可能会出现轮胎胎面波浪形磨损的情况 （3）前轮前束的调整 　　前束可以通过调整横拉杆的长度来加以保证。前束数值一定要按说明书提供的数据进行调整。开始调整车轮前束时，应将左右车轮轮流用千斤顶顶起离开地面，检查左右摆动情况。若发现摆动过大，应对两轮轮毂内轴承的间隙进行调整。如果摆动不大，就将两轮全部顶起并摆正，在两轮胎面中心各画一道直线，用钢卷尺测量两线间的距离，记下数据。将轮胎后方数据减去前方数据所得差值，与规定的前束值进行比较，如数值不符，则用扳手松开横向拉杆上接头锁紧螺母，旋紧或旋松横向拉杆。当差值小于规定值时将横向拉杆旋松，当差值大于规定值时则将横向拉杆旋紧。反复进行，直至调好，最后按规定的转矩值紧固锁紧螺母

第 5 章 仪表系统疑难杂症

5.1 整个仪表失灵

5.1.1 整个仪表失灵故障分析

整个仪表失灵故障分析见表 5-1-1。

表 5-1-1 整个仪表失灵故障分析

故障现象	整个仪表不工作
故障原因	仪表电源电路故障
诊断方法	检查仪表熔丝，若仪表熔丝正常，应检查电源稳压器。以奥迪车为例，测量输出端与搭铁端之间的电压，电压表读数应为 9.75～10.25V，否则更换稳压器；测量输入端与搭铁端之间的电压，电压表的读数应为电源电压，否则检修电路

5.1.2 仪表电源电路分析

说明：该电路提供两种类型的电源，一种是稳压电源，另一种是主要用于信号传输的 IG 电源。稳压电源主要用作仪表 CPU 的备用电源，也可用于 CAN 通信。当点火开关置于 ON（IG）位置时，如果 12V 的电压未施加于端子 IG+，指示灯将不工作。

仪表电源电路如图 5-1-1 所示。

组合仪表检查流程如下。

a. 断开连接器 E46。

b. 根据图 5-1-2 和表 5-1-2 中的值测量电阻。

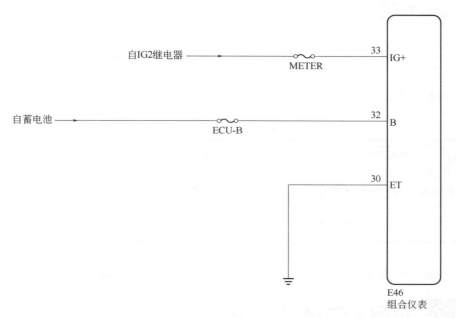

图 5-1-1 仪表电源电路图

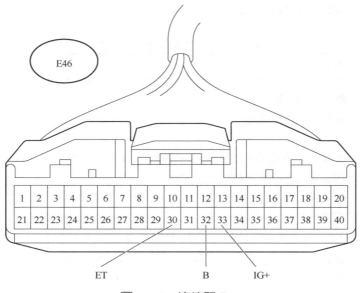

图 5-1-2 连接器 E46

表 5-1-2　标准电阻（1）

检测仪连接	条件	规定状态 /Ω
E46-30（ET）—车身搭铁	始终	小于 1

c. 根据图 5-1-2 和表 5-1-3 中的值测量电压。

表 5-1-3　标准电压（1）

检测仪连接	条件	规定状态 /V
E46-32（B）—车身搭铁	始终	11～14
E46-33（IG+）—车身搭铁	点火开关置于 ON（IG）位置	11～14

异常，则维修或更换线束或连接器。正常，则更换组合仪表。

5.2　速度表失灵

5.2.1　速度表失灵故障分析

速度表失灵故障分析见表 5-2-1。

表 5-2-1　速度表失灵故障分析

故障现象	速度表不工作
故障原因	❶ 传感器故障 ❷ 传感器线路故障
故障诊断	❶ 首先检查传感器的接线是否完好，如正常，可将传感器的接线断开，用万用表检测传感器的接线是否有电 ❷ 仪表 CPU 通过 CAN 通信线路（CAN 1 号总线）接收来自防滑控制 ECU 的车速信号。车速传感器检测电压，电压是根据车速变化而变化的。防滑控制 ECU 向车速传感器提供电源。防滑控制 ECU 基于电压脉冲检测车速信号 提示：影响显示车速的因素包括轮胎尺寸、轮胎充气和轮胎磨损，速度表上显示的车速有误差允许范围。这可以使用速度表检测台（校准的底盘测功机）进行测试

5.2.2 速度表电路分析

速度表电路如图 5-2-1 所示。

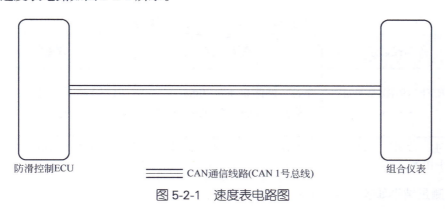

图 5-2-1　速度表电路图

检查流程如下。

（1）检查 CAN 通信系统

检查是否输出 CAN 通信 DTC。如果有 CAN 通信的故障码，则转至 CAN 通信系统；如果无 CAN 通信的故障码，则用检测仪进行主动测试。

（2）检测仪进行主动测试（表5-2-2）

表 5-2-2　组合仪表数据流（1）

检测仪显示	测试部位	控制范围 /(km/h)
Speed Meter Operation	速度表	0，40，80，120，160，200

异常，则更换组合仪表总成。正常，执行下一步。

（3）读取组合仪表的值（表5-2-3）

表 5-2-3　读取组合仪表测量值（1）

检测仪显示	测量项目	正常状态	诊断备注
Vehicle Speed Meter	车速：最低 0km/h（0mile/h），最高 255km/h（158mile/h）	几乎与实际车速一致（驾驶时）	如果从防滑控制 ECU 接收的数据超出仪表所能显示的范围，转速表显示该范围的最大值

注：正常情况下检测仪上显示的车速应和使用速度表检测台（校准的底盘测功机）测量的实际车速几乎相等。

异常，则更换组合仪表总成。正常，执行下一步。

（4）读取检测仪的值（表5-2-4）

表 5-2-4　ABS/TRC/VSC 测量值

检测仪显示	测量项目	正常状态
FR/FL/RR/RL Wheel Speed	车速：最低 0km/h（0mile/h），最高 326km/h（202mile/h）	几乎与实际车速一致（驾驶时）

注：检测仪上显示的车速和使用速度表检测台（校准的底盘测功机）测量的实际车速应几乎相等。

测量结果如表 5-2-5 所示。

表 5-2-5　测量结果

结果	制动类型	转至
正常	ALL	更换组合仪表
异常	不带 VSC	检查制动控制系统
	带 VSC	

（5）更换组合仪表

换上新的或正常的组合仪表。

标准：速度表的工作情况恢复正常。

5.3　转速表失灵

5.3.1　转速表失灵故障分析

转速表失灵故障分析见表 5-3-1。

表 5-3-1　转速表失灵故障分析

故障现象	转速表不工作
故障原因	❶ 传感器故障 ❷ 传感器线路故障

	续表
故障诊断	❶ 首先检查传感器的接线是否完好，如正常，可将传感器的接线断开，用万用表检测传感器的接线是否有电 ❷ 仪表 CPU 通过 CAN 通信线路（CAN 1 号总线）接收来自 ECM 的发动机转速信号。仪表 CPU 显示基于从 ECM 接收到的数据而计算出的发动机转速数据

5.3.2 转速表电路分析

转速表电路如图 5-3-1 所示。

图 5-3-1 转速表电路图

检查流程如下。

（1）检查 CAN 通信系统

检查是否输出 CAN 通信 DTC。如果有 CAN 通信的故障码，则转至 CAN 通信系统。如果无 CAN 通信的故障码，则执行下一步。

（2）检测仪进行主动测试（表 5-3-2）

表 5-3-2 组合仪表数据流（2）

检测仪显示	测试部位	控制范围 /(r/min)
Tacho Meter Operation	转速表	0，1000，2000，3000，4000，5000，6000，7000

异常，则更换组合仪表总成。正常，执行下一步。

(3)读取检测仪的数值(发动机转速信号)(表5-3-3)

表 5-3-3　读取组合仪表测量值(2)

检测仪显示	测量项目/范围	正常状态	诊断备注
Engine Rpm	发动机转速：最低 0r/min，最高 1275r/min	几乎与实际发动机转速一致(当发动机运转时)	如果从 ECM 接收的数据超出仪表所能显示的范围，转速表显示该范围的最大值

注：正常情况下检测仪上显示的发动机转速几乎与实际发动机转速一致。

正常，则更换组合仪表总成。异常，执行下一步。

(4)确认 DTC 输出

a. 打开检测仪。

b. 使车辆以高于 5km/h 的速度行驶至少 60s。

c. 检查 DTC。

异常，则检查 SFI 系统。正常，则更换组合仪表。如果更换仪表后未解决故障，则更换 ECM。

5.4　燃油表失灵

5.4.1　燃油表失灵故障分析

燃油表失灵故障分析见表 5-4-1。

表 5-4-1　燃油表失灵故障分析

故障现象	燃油表不工作
故障原因	❶ 传感器故障 ❷ 传感器线路故障
故障诊断	仪表 CPU 使用燃油表传感器总成来确定燃油箱内的燃油油位。燃油表传感器的电阻大约在 15Ω(浮子处于满位置时)和 410Ω(浮子处于空位置时)之间变化。仪表通过并联安装在仪表 ECU 内部的两个 820Ω 电阻器输出蓄电池电压。仪表 CPU 测量燃油表传感器内的可变电阻器与并联安装在仪表内部的两个电阻器之间的电压。在该点测量的电压将随燃油表传感器浮子的移动而变化。观测到的最高电压应大约为蓄电池电压的一半 **提示：**当燃油油位低于 9.2L 时，燃油油位警告灯将亮起

5.4.2 燃油表电路分析

燃油表电路如图 5-4-1 所示。

图 5-4-1 燃油表电路图

检查流程如下。

（1）用检测仪进行主动测试（表5-4-2）

表 5-4-2 组合仪表数据流（3）

检测仪显示	测试部位	控制范围
Fuel Meter Operation	燃油表	EMPTY，1/2，FULL

异常，则更换组合仪表。正常，执行下一步。

（2）读取检测仪的值（表5-4-3）

表 5-4-3 读取组合仪表测量值（3）

检测仪显示	测量项目/范围	正常状态
Fuel Input	燃油输入信号：最小 0，最大 127.5	燃油表指示（F）：49.0（L） 燃油表指示（3/4）：38.2（L） 燃油表指示（1/2）：27.5（L） 燃油表指示（1/4）：16.5（L） 燃油表指示（E）：5.5（L）

注：正常情况下检测仪显示的燃油值信号与指针指示几乎相同。

异常，则更换组合仪表。正常，执行下一步。

（3）检查线束和连接器（组合仪表-燃油表传感器总成）

a. 断开连接器 E46 和 L17。

b. 根据图 5-4-2 和表 5-4-4 中的值测量电阻。

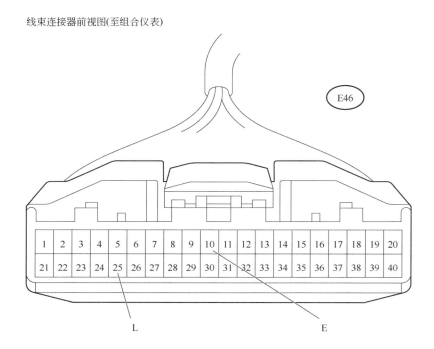

线束连接器前视图(至组合仪表)

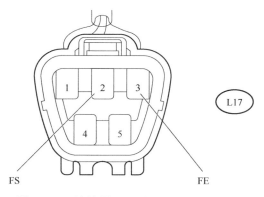

线束连接器前视图(至燃油表传感器总成)

图 5-4-2　连接器 E46 和 L17

表 5-4-4　标准电阻（2）

检测仪连接	条件	规定状态
E46-10（E）—L17-3（FE）	始终	小于 1Ω
E46-25（L）—L17-2（FS）	始终	小于 1Ω
L17-2（FS）—车身搭铁	始终	10kΩ 或更大
E46-25（L）—车身搭铁	始终	10kΩ 或更大

异常，则维修或更换线束或连接器。正常，执行下一步。

（4）检查燃油表传感器总成

a. 断开燃油表传感器总成连接器。

b. 根据图 5-4-3 和表 5-4-5 中的数值测量连接器端子 2 和 3 之间的电阻。

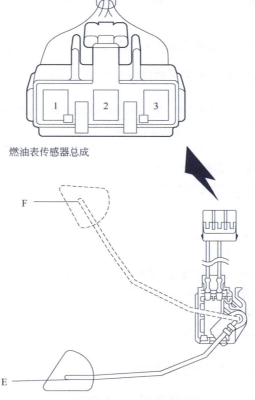

图 5-4-3　燃油表传感器总成连接器

表 5-4-5　标准电阻（3）

浮子室液位高度	电阻/Ω
F	13.5～16.5
在 E 和 F 之间	13.5～414.5（渐变）
E	405.5～414.5

c. 拆下燃油表传感器总成。

d. 检查并确定浮子在 F 和 E 之间平滑移动。

e. 如果摆杆变形，检查燃油表传感器。

如果正常，则更换组合仪表。如果异常，则更换燃油表传感器总成。

5.5　发动机冷却液温度表失灵

5.5.1　发动机冷却液温度表失灵故障分析

发动机冷却液温度表失灵故障分析见表 5-5-1。

表 5-5-1　发动机冷却液温度表失灵故障分析

故障现象	发动机冷却液温度表不工作
故障原因	❶ 传感器故障 ❷ 传感器线路故障
故障诊断	❶ 首先检查传感器的接线是否完好，如正常，可将传感器的接线断开，用万用表检测传感器的接线是否有电 ❷ 仪表 CPU 通过 CAN 通信线路（CAN 1 号总线）接收来自 ECM 的发动机冷却液温度信号。仪表 CPU 根据从 ECM 接收到的数据计算并显示发动机冷却液温度

5.5.2　发动机冷却液温度表电路分析

发动机冷却液温度表电路如图 5-5-1 所示。

第5章 仪表系统疑难杂症

检查流程如下。

（1）检查 CAN 通信系统

检查是否输出 CAN 通信 DTC。如果有 CAN 通信的故障码，则转至 CAN 通信系统。如果无 CAN 通信的故障码，则执行下一步。

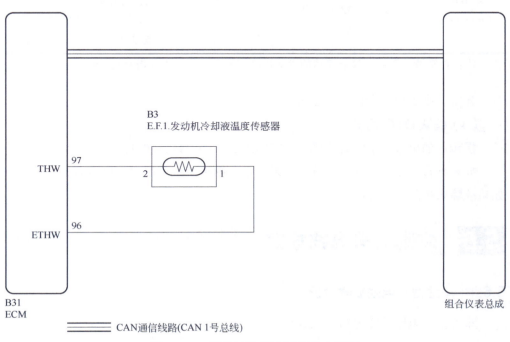

图 5-5-1　发动机冷却液温度表电路图

（2）检测仪进行主动测试（表5-5-2）

表 5-5-2　组合仪表数据流（4）

检测仪显示	测试部位	控制范围
Water Temperature Meter Operation	发动机冷却液温度表	Low，Normal，High

异常，则更换组合仪表。正常，执行下一步。

（3）读取检测仪的数值（表5-5-3）

表 5-5-3　读取组合仪表测量值（4）

检测仪显示	测量项目／范围	正常状态	诊断备注
Coolant Temperature	发动机冷却液温度：0℃（32℉）至127.5℃（261.5℉）	暖机后：80～95℃（176～203℉）	● 如果为 -40℃（-40℉）：传感器电路断路 ● 如果为 140℃（284℉）或更高：传感器电路短路

注：正常情况下检测仪上显示的发动机冷却液温度值与指针指示几乎相同。

异常，则更换组合仪表。正常，执行下一步。

（4）确认 DTC 输出

提示：如果 SFI 系统有故障，可能输出 DTC P0115、P0116、P0117 或 P0118。

如果异常，则检查 SFI 系统。如果正常，则更换组合仪表。更换组合仪表后，如果故障未排除，则更换 ECM。

5.6　车速信号电路故障

5.6.1　车速信号电路故障分析

车速信号电路故障分析见表 5-6-1。

表 5-6-1　车速信号电路故障分析

故障现象	发动机车速表不工作
故障原因	❶ 传感器故障 ❷ 传感器线路故障
故障诊断	❶ 首先检查传感器的接线是否完好，如正常，可将传感器的接线断开，用万用表检测传感器的接线是否有电 ❷ 仪表 CPU 接收来自此电路的车速信号。车速传感器检测电压，电压是根据车速变化而变化的。防滑控制 ECU 向车速传感器提供电源。防滑控制 ECU 基于电压脉冲检测车速信号。防滑控制 ECU 将车速信号作为脉冲发送给仪表 CPU。12V 的电压从组合仪表总成输出，然后输入至防滑控制 ECU。在组合仪表总成的晶体管中，此信号转变成脉冲信号。各 ECU 或继电器输出 12V 或 5V 的电压，然后输入至组合仪表总成。各 ECU 根据此脉冲信号控制各系统

5.6.2 车速信号电路分析

车速信号电路如图 5-6-1 所示。

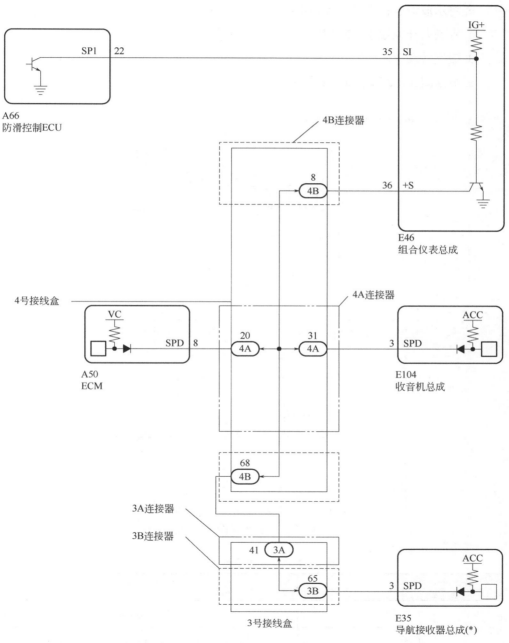

图 5-6-1 车速信号电路图

检查流程如下。

(1) 检查组合仪表（输出波形）

a. 在连接器仍然连接的情况下拆下组合仪表。

b. 将示波器连接至端子 E46-36（+S）和车身搭铁。

c. 将点火开关置于 ON（IG）位置。

d. 缓慢转动车轮。

e. 根据图 5-6-2 和表 5-6-2 中的条件检查信号波形。

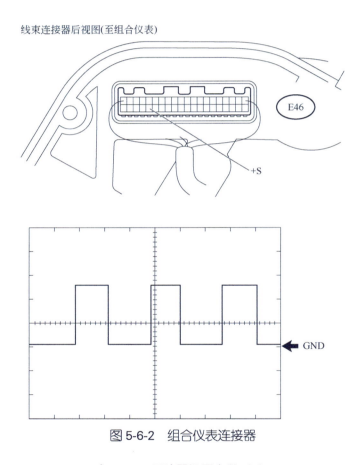

图 5-6-2　组合仪表连接器

表 5-6-2　示波器设置参数（1）

项目	条件
工具设置	5V/格，20ms/格
车辆状况	以约 20km/h（12mile/h）的车速行驶

提示：车速提高时，波形的周期变小。

异常，则对于其他系统，返回原始检查。正常，执行下一步。

（2）检查 ECU 端子电压（输入电压）

a. 拆下连接器 E46。

b. 根据图 5-6-3 和表 5-6-3 中的值测量电压。

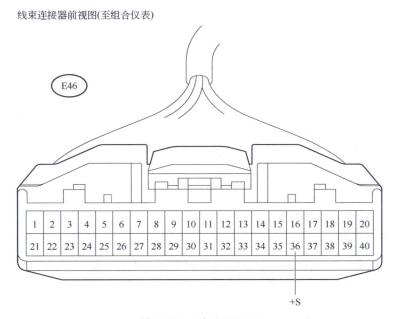

图 5-6-3　连接器 E46

表 5-6-3　标准电压（2）

检测仪连接	条件	规定状态 /V
E46-36（+S）—车身搭铁	点火开关置于 ON（IG）位置	4.5～14

提示：如果任何电路图中规定的 ECU 向组合仪表供电，组合仪表将输出波形。

异常，则检查线束和连接器（组合仪表 -4 号接线盒）。正常，执行下一步。

（3）检查组合仪表（输出电压）

a. 拆下连接器 A66（*1）/A51（*2）（图 5-6-4）。

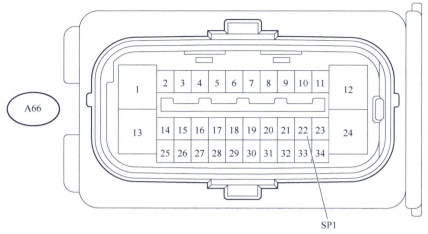

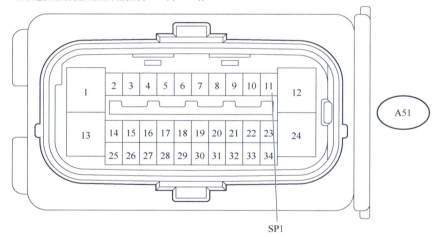

图 5-6-4 连接器 A66（*1）/A51（*2）

*1—不带 VSC；*2—带 VSC

b. 根据图 5-6-4 和表 5-6-4 中的值测量电压。

表 5-6-4 标准电压（3）

检测仪连接	条件	规定状态 /V
A66-22（SP1）（*1）—车身搭铁	点火开关置于 ON（IG）位置	11～14
A51-11（SP1）（*2）—车身搭铁	点火开关置于 ON（IG）位置	11～14

异常，则检查线束和连接器（组合仪表-防滑控制 ECU）。正常，执行下一步。

（4）检查防滑控制 ECU（输入波形）

a. 重新连接连接器 A66（*1）/A51（*2）。

b. 在连接器仍然连接的情况下拆下组合仪表总成。

c. 连接示波器至端子 E46-35（SI）和车身搭铁（图 5-6-5）。

d. 将点火开关置于 ON（IG）位置。

e. 缓慢转动车轮。

f. 根据图 5-6-5 和表 5-6-5 中的条件检查信号波形。

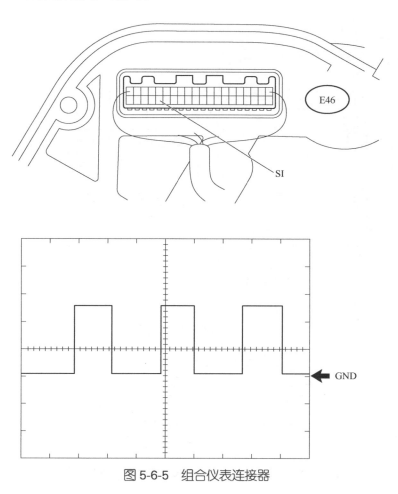

图 5-6-5 组合仪表连接器

表 5-6-5　示波器设置参数（2）

项目	条件
工具设置	5V/格，20ms/格
车辆状况	以约 20km/h（12mile/h）的车速行驶

提示：车速提高时，波形的周期变小。

异常，则更换防滑控制 ECU。正常，执行下一步。

（5）检查线束和连接器（组合仪表-4 号接线盒）

a. 断开 4 号接线盒 B 连接器（图 5-6-6）。

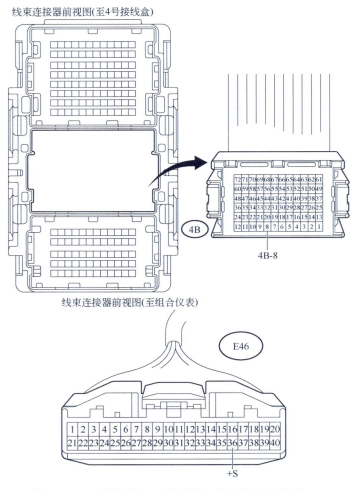

图 5-6-6　4 号接线盒 B 连接器、组合仪表连接器 E46

b. 根据表 5-6-6 中的值测量电阻。

表 5-6-6　标准电阻（4）

检测仪连接	条件	规定状态
E46-36（+S）—4B-8	始终	小于 1Ω
E46-36（+S）—车身搭铁	始终	10kΩ 或更大

异常，则维修或更换线束或连接器。正常，执行下一步。

（6）检查线束和连接器（4号接线盒）

检查图 5-6-1 所示的连接至 4 号接线盒的电路是否短路。

提示：如果没有电压，电路（ECU）可能是故障电路。该电路可以根据下面的步骤进行诊断。

a. 断开连接器 4B（图 5-6-7）。

b. 根据图 5-6-7 和表 5-6-7 中的值测量电压。

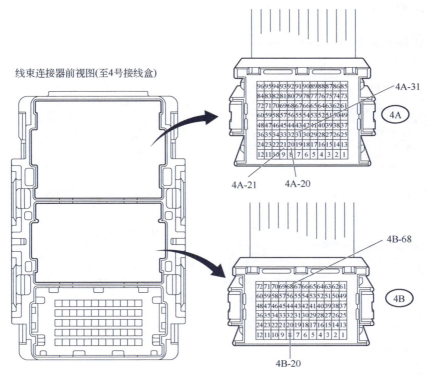

图 5-6-7　连接器 4A/4B

表 5-6-7　标准电压（4）

检测仪连接	条件	规定状态 /V
4A-31—车身搭铁	点火开关置于 ON（IG）位置	4.5～14
4A-21—车身搭铁	点火开关置于 ON（IG）位置	4.5～14
4A-20(*4)—车身搭铁	点火开关置于 ON（IG）位置	4.5～14
4B-20(*3)—车身搭铁	点火开关置于 ON（IG）位置	4.5～14
4B-68(*6)/4B-20(*7)—车身搭铁	点火开关置于 ON（IG）位置	4.5～14

*3：带智能上车和启动系统。
*4：带前大灯光束高度自动控制。
*6：带导航系统。
*7：带驻车辅助传感器系统。

如果所有电路中都有电压，则维修或更换线束或连接器。如果某个电路中没有电压，则执行下一步。

（7）检查线束和连接器（4号接线盒-故障电路）

a. 断开可能有故障的 ECU 连接器（图 5-6-8）。

b. 根据图 5-6-8 和表 5-6-8 中的值测量电阻。

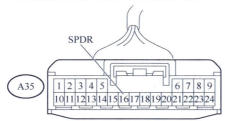

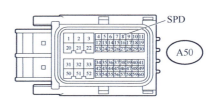

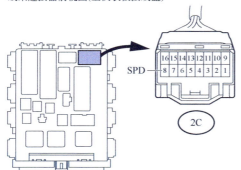

图 5-6-8　ECU 连接器 A35/A50/2C/E26

表 5-6-8 标准电阻（5）

检测仪连接	条件	规定状态
2C-8（SPD）(*3)—车身搭铁	始终	10kΩ 或更大
A35-16（SPDR）(*4)—车身搭铁	始终	10kΩ 或更大
A50-8（SPD）—车身搭铁	始终	10kΩ 或更大
E26-3（SPD）—车身搭铁	始终	10kΩ 或更大

*3：带智能上车和启动系统。
*4：带前大灯光束高度自动控制。

提示：如果检查的线束连接至另一个接线连接器或接线盒，对 ECU 侧的接线连接器或接线盒执行相同的检查。

异常，则维修或更换线束或连接器。正常，执行下一步。

（8）检查线束和连接器（4 号接线盒-3 号接线盒）

a. 断开 3 号接线盒 B 连接器（图 5-6-9）。

b. 根据图 5-6-9 和表 5-6-9、表 5-6-10 中的值测量电阻。

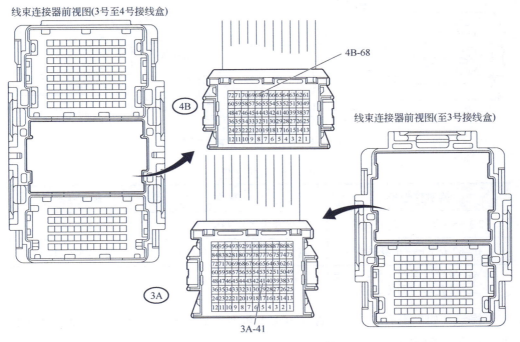

图 5-6-9　4 号接线盒 B 连接器、3 号接线盒 A 连接器

表 5-6-9 标准电阻（6）

检测仪连接	条件	规定状态 /Ω
3A-41—4B-68	始终	小于 1

表 5-6-10 标准电阻（7）

检测仪连接	条件	规定状态
3A-41—车身搭铁	始终	10kΩ 或更大

异常，则维修或更换线束或连接器。正常，执行下一步。

（9）检查线束和连接器（3号接线盒）

检查图 5-6-1 所示的连接至 3 号接线盒的电路是否短路。

根据图 5-6-10 和表 5-6-11 中的值测量电压。

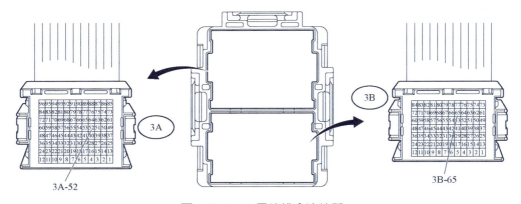

图 5-6-10 3 号接线盒连接器

表 5-6-11 标准电压（5）

检测仪连接	条件	规定状态 /V
3B-65（*6）—车身搭铁	点火开关置于 ON（IG）位置	4.5～14
3A-52（*7）—车身搭铁	点火开关置于 ON（IG）位置	4.5～14

*6：带导航系统（导航功能）。
*7：带驻车辅助传感器系统。

提示：如果没有电压，电路（ECU）可能是故障电路。该电路可以根据下面的步骤进行诊断。

异常，则维修或更换线束或连接器。正常，执行下一步。

（10）检查线束和连接器（3号接线盒-故障电路）

a. 断开可能有故障的 ECU 连接器。

b. 根据图 5-6-11 和表 5-6-12 中的值测量电阻。

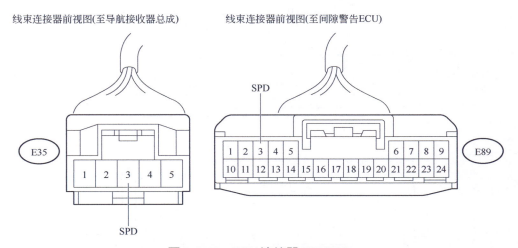

图 5-6-11　ECU 连接器 E35/E89

表 5-6-12　标准电阻（8）

检测仪连接	条件	规定状态
E35-3（SPD）（*6）—车身搭铁	始终	10kΩ 或更大
E89-3（SPD）（*7）—车身搭铁	始终	10kΩ 或更大

*6：带导航系统（导航功能）。
*7：带驻车辅助传感器系统。

异常，则维修或更换线束或连接器（3号接线盒）。正常，执行下一步。

（11）检查线束和连接器（组合仪表-防滑控制 ECU）

a. 断开连接器 E46。

b. 根据图 5-6-12 和表 5-6-13 中的值测量电阻。

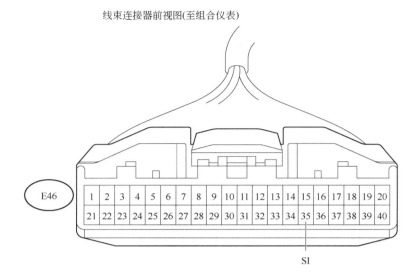
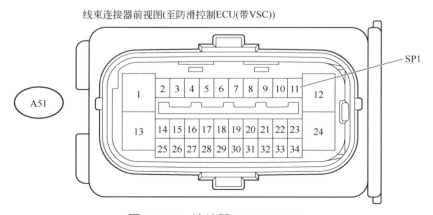

图 5-6-12　连接器 E46/A66/A51

表 5-6-13 标准电阻（9）

检测仪连接	条件	规定状态
A66-22（SP1）(*1)—E46-35（SI）	始终	小于 1Ω
A66-22（SP1）(*1)—车身搭铁	始终	10kΩ 或更大
A51-11（SP1）(*2)—E46-35（SI）	始终	小于 1Ω
A51-11（SP1）(*2)—车身搭铁	始终	10kΩ 或更大

*1：不带 VSC。
*2：带 VSC。

异常，则维修或更换线束或连接器。正常，则更换组合仪表。

视频讲解

第 6 章 空调系统疑难杂症

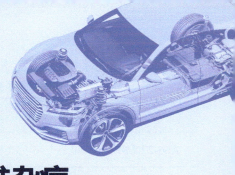

6.1 车内温度传感器电路故障

6.1.1 车内温度传感器电路故障分析

车内温度传感器电路故障分析见表 6-1-1。

表 6-1-1 车内温度传感器电路故障分析

故障现象	压缩机不工作
故障原因	❶ 空调车内温度传感器故障 ❷ 空调车内温度传感器和空调放大器之间的线束或连接器故障 ❸ 空调放大器故障
故障诊断	传感器检测作为控制车厢温度的依据,并发送信号至空调放大器

6.1.2 车内温度传感器电路分析

车内温度传感器电路如图 6-1-1 所示。

图 6-1-1 车内温度传感器电路图

检查流程如下。

（1）读取检测仪的值（表6-1-2）

表 6-1-2　数据表 / 空调数据流（1）

检测仪显示	测量项目 / 范围	正常状态
Room Temperature Sensor（Room Temp）	车内温度传感器：最小 -6.5℃（20.3 ℉），最大 57.25℃（135.05 ℉）	显示实际的车厢温度

注：正常情况下显示值与正常状态列中的数值相符。

如果异常，更换车内温度传感器。正常，执行下一步。

（2）检查空调放大器

a. 拆下空调放大器，使连接器仍然保持连接状态。

b. 将点火开关置于 ON（IG）位置。

c. 根据图 6-1-2 和表 6-1-3 中的值测量电压。

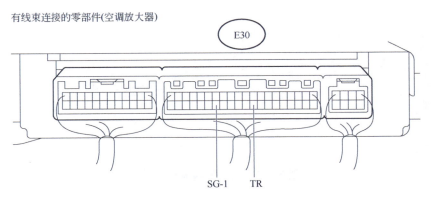

图 6-1-2　空调放大器连接器（1）

表 6-1-3　标准电压（1）

检测仪连接	条件	规定状态 /V
E30-29（TR）—E30-34（SG-1）	点火开关：置于 ON（IG）位置 25℃（77 ℉）	1.35 ～ 1.75
E30-29（TR）—E30-34（SG-1）	点火开关：置于 ON（IG）位置 40℃（104 ℉）	0.9 ～ 1.2

提示：当温度上升时，电压下降。

异常，则更换空调放大器。正常（根据 DTC 进行故障排除时），执行下一步。

(3) 检查空调车内温度传感器

a. 拆下空调车内温度传感器。

b. 根据图 6-1-3 和表 6-1-4 中的值测量电阻。

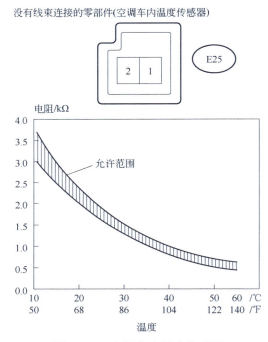

图 6-1-3 空调车内温度传感器

表 6-1-4 标准电阻（1）

检测仪连接	条件	规定状态 /kΩ
E25-1—E25-2	10℃（50 ℉）	3.00～3.73
E25-1—E25-2	15℃（59 ℉）	2.45～2.88
E25-1—E25-2	20℃（68 ℉）	1.95～2.30
E25-1—E25-2	25℃（77 ℉）	1.60～1.80
E25-1—E25-2	30℃（86 ℉）	1.28～1.47

续表

检测仪连接	条件	规定状态/kΩ
E25-1—E25-2	35℃（95 ℉）	1.00～1.22
E25-1—E25-2	40℃（104 ℉）	0.80～1.00
E25-1—E25-2	45℃（113 ℉）	0.65～0.85
E25-1—E25-2	50℃（122 ℉）	0.50～0.70
E25-1—E25-2	55℃（131 ℉）	0.44～0.60
E25-1—E25-2	60℃（140 ℉）	0.36～0.50

提示：

- 只能通过传感器的连接器来握住传感器。接触传感器可能会改变电阻值。
- 测量时，传感器温度必须与环境温度相同。
- 随着温度升高，电阻减小。

异常，则更换空调车内温度传感器。正常，执行下一步。

（4）检查线束和连接器（空调车内温度传感器-空调放大器）

a.将连接器从空调放大器上断开（图6-1-4）。

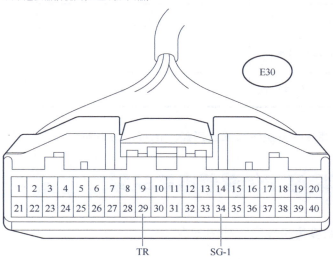

图6-1-4 空调放大器连接器（2）

b. 将连接器从空调车内温度传感器上断开。

c. 根据图 6-1-5 和表 6-1-5 中的值测量电阻。

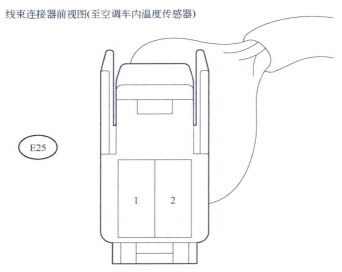

图 6-1-5　空调车内温度传感器连接器

表 6-1-5　标准电阻（2）

检测仪连接	条件	规定状态
E30-29（TR）—E25-1	始终	小于 1Ω
E30-34（SG-1）—E25-2	始终	小于 1Ω
E30-29（TR）—车身搭铁	始终	10kΩ 或更大
E30-34（SG-1）—车身搭铁	始终	10kΩ 或更大

异常，则维修或更换线束或连接器。正常，则更换空调放大器。

6.2　环境温度传感器电路故障

6.2.1　环境温度传感器电路故障分析

环境温度传感器电路故障分析见表 6-2-1。

表 6-2-1　环境温度传感器电路故障分析

故障现象	空调不制冷
故障原因	❶ 热敏电阻总成（环境温度传感器）故障 ❷ 热敏电阻总成和组合仪表之间的线束或连接器故障 ❸ 组合仪表故障 ❹ CAN 通信系统故障 ❺ 空调放大器故障
故障诊断	该传感器检测车外温度并将相应的信号发送至空调控制总成

6.2.2　环境温度传感器电路分析

环境温度传感器电路如图 6-2-1 所示。

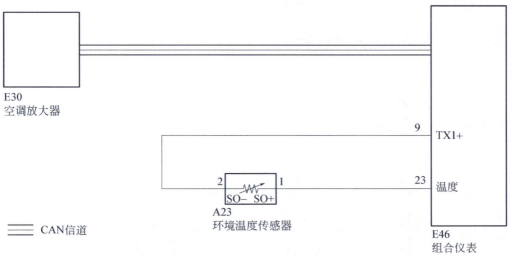

图 6-2-1　环境温度传感器电路图

检查流程如下。

（1）检查 CAN 通信系统（组合仪表-空调放大器）

a. 连接检测仪。

b. 检查并确认组合仪表和空调放大器间的 CAN 通信系统工作正常。

如果未检测到故障码，则读取检测仪的值。如果检测到故障码，则检查 CAN 通信系统。

（2）读取检测仪的值（表6-2-2）

表 6-2-2　数据表/空调数据流（2）

检测仪显示	测量项目/范围	正常状态	诊断备注
Ambient Temp Sensor（Ambi Temp Sens）	环境温度传感器/最小：-23.3℃（-9.94℉），最大：65.95℃（150.71℉）	显示实际的环境温度	电路断路：-23.3℃（-9.94℉） 电路短路：65.95℃（150.71℉）

注：正常情况下显示值与正常状态列中的数值相符。

异常（根据DTC进行故障排除时），则更换空调放大器。正常，执行下一步。

（3）检查线束和连接器（环境温度传感器电路）

a. 将连接器从组合仪表上断开。

b. 根据图6-2-2和表6-2-3中的值测量电阻。

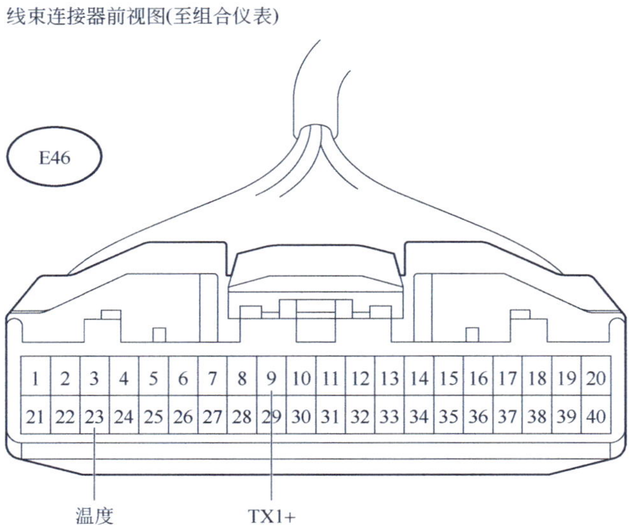

线束连接器前视图(至组合仪表)

图 6-2-2　组合仪表连接器

表 6-2-3　标准电阻（3）

检测仪连接	条件（外部温度）	规定状态/kΩ
E46-9（TX1+）—E46-23（TEMP）	25℃（77℉）	1.60～1.80
E46-9（TX1+）—E46-23（TEMP）	40℃（104℉）	0.80～1.00

提示：当温度上升时，电阻减小。

异常，则维修或更换线束或连接器。正常，执行下一步。

（4）更换组合仪表

如果更换组合仪表后，故障不能解决，则更换空调放大器。

（5）检查环境温度传感器

a. 将连接器从热敏电阻总成上断开。

b. 根据图 6-2-3 和表 6-2-4 中的值测量电阻。

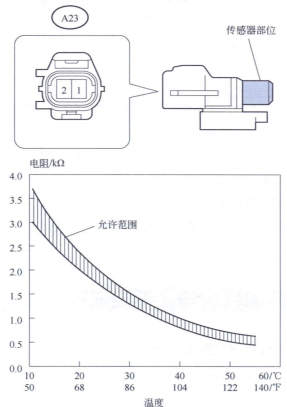

图 6-2-3　环境温度传感器

表 6-2-4　标准电阻（4）

检测仪连接	条件	规定状态 /kΩ
A23-1（SO+）—A23-2（SO-）	10℃（50℉）	3.00～3.73

续表

检测仪连接	条件	规定状态 /kΩ
A23-1（SO+）—A23-2（SO-）	15℃（59 ℉）	2.45～2.88
A23-1（SO+）—A23-2（SO-）	20℃（68 ℉）	1.95～2.30
A23-1（SO+）—A23-2（SO-）	25℃（77 ℉）	1.60～1.80
A23-1（SO+）—A23-2（SO-）	30℃（86 ℉）	1.28～1.47
A23-1（SO+）—A23-2（SO-）	35℃（95 ℉）	1.00～1.22
A23-1（SO+）—A23-2（SO-）	40℃（104 ℉）	0.80～1.00
A23-1（SO+）—A23-2（SO-）	45℃（113 ℉）	0.65～0.85
A23-1（SO+）—A23-2（SO-）	50℃（122 ℉）	0.50～0.70
A23-1（SO+）—A23-2（SO-）	55℃（131 ℉）	0.44～0.60
A23-1（SO+）—A23-2（SO-）	60℃（140 ℉）	0.36～0.50

小心：

- 即使轻微接触传感器也可能会改变电阻值。确保握住传感器的连接器。
- 测量时，传感器温度必须与环境温度相同。
- 随着温度升高，电阻减小。

异常，则更换环境温度传感器。正常，则维修或更换线束或连接器（组合仪表 - 环境温度传感器）。

6.3 蒸发器温度传感器电路故障

6.3.1 蒸发器温度传感器电路故障分析

蒸发器温度传感器电路故障分析见表 6-3-1。

表 6-3-1　蒸发器温度传感器电路故障分析

故障现象	空调出现断路或失效会使制冷系统的温度得不到正常的控制
故障原因	❶ 蒸发器温度传感器故障 ❷ 空调线束故障 ❸ 空调放大器故障

续表

故障分析	蒸发器温度传感器的作用是感知蒸发器的温度，调节空调的工作时间。通常情况，打开空调后，蒸发器不断制冷。等温度达到设定的温度，发出信号，压缩机停止工作。如果它始终传递信号给压缩机，压缩机就会不停地工作。有时蒸发器结冰就是因为这个原因。当温度达到设定要求时断开压缩机电路，压缩机停止工作，温度高于一定值时接通压缩机电路。 蒸发器温度传感器还能起到保护空调系统的作用，防止蒸发器表面结霜，导致换热效率降低。一般蒸发器表面温度在 2～4℃视为结霜温度，反馈给 AC 开关，控制通断。而高低压开关信号是反馈给整车 ECU 来控制压缩机通断的，两者的作用都是为了保护汽车空调系统。蒸发器温度传感器与 AC 开关之间是一个与非门，也就是两者信号都满足要求后，空调才能开启，接着就串联到高低压开关

6.3.2　蒸发器温度传感器电路分析

说明：蒸发器温度传感器（空调热敏电阻）安装在空调装置的蒸发器上。该传感器检测流过蒸发器的冷却空气的温度，其信号用来控制空调。它向空调放大器发送信号。蒸发器温度传感器电阻随着流过蒸发器的冷却空气温度的变化而变化。当温度下降时，电阻增大。当温度上升时，电阻减小。

空调放大器将电压（5V）施加到蒸发器温度传感器上，并且在蒸发器温度传感器的电阻改变时读取它的电压变化值。该传感器用来防止蒸发器冻结。

蒸发器温度传感器电路如图 6-3-1 所示。

图 6-3-1　蒸发器温度传感器电路图

检查流程如下。

(1) 读取检测仪的值 (表6-3-2)

表 6-3-2　数据表/空调数据流 (3)

检测仪显示	测量项目/范围	正常状态	诊断备注
Evaporator Fin Thermistor (Evap Fin Temp)	蒸发器散热片热敏电阻/最小：-29.7℃(-21.46 ℉)，最大：59.55℃ (139.19 ℉)	显示实际的蒸发器温度	电路断路：-29.7℃(-21.46 ℉) 电路短路：59.55℃(139.19 ℉)

注：正常情况下显示值与正常状态列中的数值相符。

异常（根据 DTC 进行故障排除时），则更换空调放大器。正常，执行下一步。

(2) 检查蒸发器温度传感器

a. 将连接器从蒸发器温度传感器上断开。

b. 根据图 6-3-2 和表 6-3-3 中的值测量电阻。

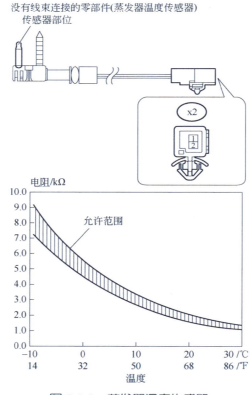

图 6-3-2　蒸发器温度传感器

表 6-3-3　标准电阻（5）

检测仪连接	条件	规定状态 /kΩ
x2-1—x2-2	-10℃（14 ℉）	7.30～9.10
x2-1—x2-2	-5℃（23 ℉）	5.65～6.95
x2-1—x2-2	0℃（32 ℉）	4.40～5.35
x2-1—x2-2	5℃（41 ℉）	3.40～4.15
x2-1—x2-2	10℃（50 ℉）	2.70～3.25
x2-1—x2-2	15℃（59 ℉）	2.14～2.58
x2-1—x2-2	20℃（68 ℉）	1.71～2.05
x2-1—x2-2	25℃（77 ℉）	1.38～1.64
x2-1—x2-2	30℃（86 ℉）	1.11～1.32

提示：
- 即使轻微接触传感器也可能会改变电阻值。确保握住传感器的连接器。
- 测量时，传感器温度必须与环境温度相同。
- 随着温度升高，电阻减小。

异常，则更换蒸发器温度传感器。正常，执行下一步。

（3）检查空调线束

a. 拆下空调线束。

b. 根据图 6-3-3 和表 6-3-4 中的值测量电阻。

表 6-3-4　标准电阻（6）

检测仪连接	条件	规定状态
x1-6（TEA）—x2-2	始终	小于 1Ω
x1-5（SGA）—x2-1	始终	小于 1Ω
x1-6（TEA）—车身搭铁	始终	10kΩ 或更大
x1-5（SGA）—车身搭铁	始终	10kΩ 或更大

线束连接器前视图(至蒸发器温度传感器)

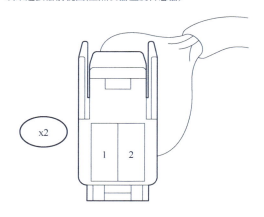

线束连接器前视图(至空调放大器)

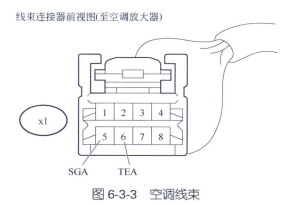

图 6-3-3　空调线束

异常，则更换空调线束。正常，则更换空调放大器。

6.4　阳光传感器电路（乘客侧）故障

6.4.1　阳光传感器电路故障分析

阳光传感器电路故障分析见表 6-4-1。

表 6-4-1　阳光传感器电路故障分析

故障现象	空调温度及控制无法自动调节
故障原因	❶ 阳光传感器故障 ❷ 阳光传感器和空调放大器之间的线束或连接器故障 ❸ 空调放大器故障

续表

故障分析	阳光传感器较常应用于空调系统,通过测量阳光的"热辐射"强弱大小,从而让阳光传感器采集的信号(光强弱信号)传递给主控ECU(控制单元)或空调控制ECU(依车型)。ECU控制单元对阳光强弱大小以及环境(室内外)温度信号进行综合比较、计算、判断等,并准确计算出更合理的室内环境温度(升高或降低),从而控制"风速"(大小)或"风向"以自动调整空调的冷热舒适状态 安装在仪表板上侧的阳光传感器在AUTO模式下用来探测阳光和控制空调。阳光传感器的输出电压根据日照量而改变。当日照量增加时,输出电压上升;当日照量减少时,输出电压下降。空调放大器检测阳光传感器输出的电压 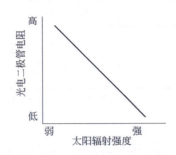

6.4.2 阳光传感器电路分析

阳光传感器电路如图6-4-1所示。

*1:带自动灯控
*2:不带自动灯控

图6-4-1 阳光传感器电路图

检查流程如下。

(1) 读取检测仪的值

a. 将智能检测仪连接到 DLC3。

b. 将点火开关置于 ON (IG) 位置,并打开智能检测仪主开关。

c. 将阳光传感器的感测部分暴露于灯光下。

提示:用白炽灯检查。

d. 选择表 6-4-2 的项目,并读取智能检测仪上显示的数值。

表 6-4-2 数据表 / 空调数据流(4)

检测仪显示	测量项目 / 范围	正常状态
Solar Sensor(D side) (Solar Sens-D)	驾驶员侧阳光传感器 / 最小:0,最大:255	驾驶员侧阳光传感器数值随着亮度的增加而增加

注:正常情况下显示值与正常状态列中的数值相符。

异常(根据 DTC 进行故障排除时),则更换阳光传感器。正常,执行下一步。

(2) 检查线束和连接器(阳光传感器)

a. 断开阳光传感器连接器。

b. 根据图 6-4-2 和表 6-4-3 中的值测量电压。

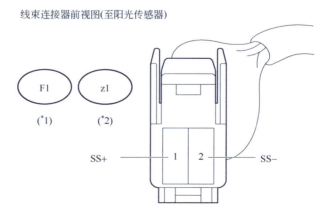

*1:带自动灯控
*2:不带自动灯控

图 6-4-2 阳光传感器连接器(1)

表 6-4-3 标准电压（2）

检测仪连接	条件	规定状态 /V
F1-1（SS+）—F1-2（SS-）(*1)	点火开关：置于 OFF 位置	低于 1
F1-1（SS+）—F1-2（SS-）(*1)	点火开关：置于 ON（IG）位置	11～14
z1-1（SS+）—z1-2（SS-）(*2)	点火开关：置于 OFF 位置	低于 1
z1-1（SS+）—z1-2（SS-）(*2)	点火开关：置于 ON（IG）位置	11～14

*1：带自动灯控系统。
*2：不带自动灯控系统。

异常，则维修或更换线束或连接器。正常，执行下一步。

（3）检查线束和连接器（阳光传感器-空调放大器）

a. 断开阳光传感器连接器（图 6-4-3）。

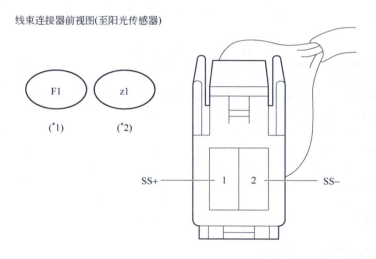

图 6-4-3 阳光传感器连接器（2）

b. 断开空调放大器连接器。

c. 根据图 6-4-3、图 6-4-4 和表 6-4-4 中的值测量电阻。

线束连接器前视图(至空调放大器)

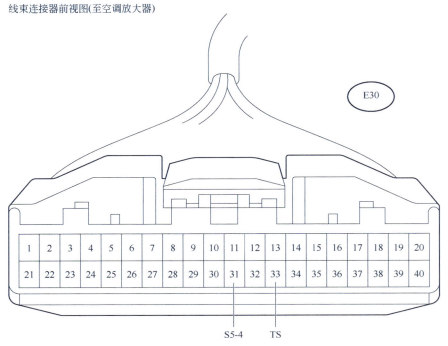

图 6-4-4　空调放大器连接器（3）

表 6-4-4　标准电阻（7）

检测仪连接	条件	规定状态
E30-33（TS）—F1-2（SS−）（*1）	始终	小于 1Ω
E30-31（S5-4）—F1-1（SS+）（*1）	始终	小于 1Ω
E30-33（TS）—z1-2（SS−）（*2）	始终	小于 1Ω
E30-31（S5-4）—z1-1（SS+）（*2）	始终	小于 1Ω
E30-33（TS）—车身搭铁	始终	10kΩ 或更大
E30-31（S5-4）—车身搭铁	始终	10kΩ 或更大

*1：带自动灯控系统。
*2：不带自动灯控系统。

异常，则维修或更换线束或连接器。正常，则更换空调放大器。

6.5 压力传感器电路故障

6.5.1 压力传感器电路故障分析

压力传感器电路故障分析见表 6-5-1。

表 6-5-1　压力传感器电路故障分析

故障现象	空调不工作
故障分析	汽车冷暖空调的制冷剂压力传感器安装在冷凝器和蒸发器之间的高压管路内。制冷运行时，制冷剂压力通过制冷剂压力传感器检测并在冷暖空调控制单元中分析（"IHKA"表示"自动恒温空调"）。 根据传感器信号，在制冷剂压力过高时通过冷暖空调控制单元调节或关闭空调压缩机。根据制冷剂压力，通过冷暖空调控制单元检测风扇挡位，并将风扇挡位通过总线传输至发动机控制单元
故障原因	❶ 压力传感器故障 ❷ 压力传感器和空调放大器之间的线束或连接器故障 ❸ 空调放大器故障 ❹ 膨胀阀堵塞、卡滞 ❺ 冷凝器由于污垢而引起的制冷功能堵塞、失效 ❻ 冷却器干燥器制冷剂循环的水分无法吸收 ❼ 冷却风扇系统冷凝器无法冷却 ❽ 空调系统泄漏、堵塞
故障诊断	❶ 制冷剂压力传感器通过感压元件分析制冷循环回路高压管路中存在的制冷剂压力。制冷剂压力传感器获得恒定不变的电压。实际的测量信号是一个受制冷剂压力影响的线性传感器输出电压。然后，该压力信号再被转换为数字信号并通过总线发送给冷暖空调控制单元 ❷ 制冷剂压力传感器的信号波动取决于压力。0.4～4.6V 的测量范围对应 10kPa～3.5MPa 的压力。相应的风扇挡仅受制冷剂压力影响

6.5.2 压力传感器电路分析

说明：当高压侧制冷剂压力过低（0.19MPa 或更低）或过高（3.14MPa 或更高）时，输出压力传感器 DTC。安装在高压侧管上的压力传感器检测制冷剂压力，并将制冷剂压力信号输出至空调放大器。

压力传感器电路如图 6-5-1 所示。

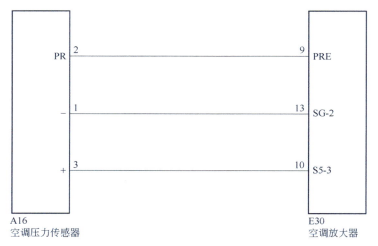

图 6-5-1　压力传感器电路图

检查流程如下。

（1）检查线束和连接器（电源电路）

a. 将连接器从空调压力传感器上断开。

b. 根据图 6-5-2 和表 6-5-2 中的值测量电压。

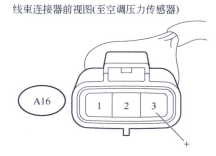

图 6-5-2　空调压力传感器连接器（1）

表 6-5-2　标准电压（3）

检测仪连接	条件	规定状态 /V
A16-3（+）—车身搭铁	点火开关置于 ON（IG）位置	约 5

异常，则维修或更换线束或连接器。正常，执行下一步。

（2）检查线束和连接器（搭铁电路）

根据图 6-5-3 和表 6-5-3 中的值测量电阻。

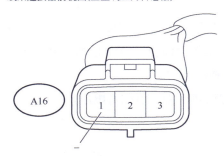

图 6-5-3　空调压力传感器连接器（2）

表 6-5-3　标准电阻（8）

检测仪连接	条件	规定状态/Ω
A16-1（-）—车身搭铁	始终	小于 1

异常，则维修或更换线束或连接器。正常，执行下一步。

（3）检查空调压力传感器（传感器信号电路）

a. 将连接器重新连接到空调压力传感器上。

b. 满足表 6-5-4 条件后测量电压。

表 6-5-4　参数条件

项目	条件
车门	全开
温度设置	MAX COLD
鼓风机转速	HI
空调开关	ON
R/F 开关	RECIRCULATION
车内温度	25～35℃（77～95℉）
发动机转速	2000r/min

提示：

● 如果在检查过程中高压侧制冷剂压力变得过高（电压超过 4.8V），则失效保护功能将停止压缩机的操作。因此，应在失效保护操作前测量电压。

● 必须每隔一定时间（约 10min）测量一下电压，因为一段时间后故障症状可能再次出现。

● 当车外温度很低［低于 -1.5℃（29.3°F）］时，压缩机会因环境温度传感器和蒸发器温度传感器的操作而停止，以防止蒸发器冻结。在这种情况下，应在温暖的室内环境下执行检查。

c. 根据图 6-5-4 和表 6-5-5 中的值测量电压。

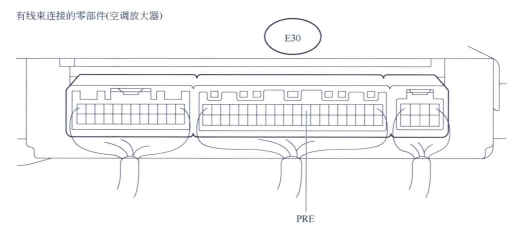

图 6-5-4　空调放大器连接器（4）

表 6-5-5　标准电压（4）

检测仪连接	条件	规定状态 /V
E30-9（PRE）—车身搭铁	点火开关置于 ON（IG）位置（空调：ON）	0.7～4.8

异常，则更换空调压力传感器。

正常，执行下一步。

（4）检查并确认冷却风扇工作正常

异常，则维修制冷风扇系统。正常，执行下一步。

(5)加注制冷剂

a. 使用制冷剂回收装置来回收制冷剂。

b. 排空空调系统。

c. 添加适量的制冷剂。

提示：如果添加了制冷剂但系统没有正确排空（真空时间不足），系统内残留空气中的湿气会在膨胀阀内冻结，堵塞高压侧制冷剂的流动。因此，为确认故障，回收制冷剂并正确排空系统。添加适量的制冷剂，并检查 DTC。

(6)重新检查故障码

满足表 6-5-4 条件后重新检查 DTC。

小心：如果高压侧的制冷剂压力升高，将设置此 DTC。因此，必须每隔一定时间（约 10min）测量一下电压，因为在空调运行一段时间后可能设置该 DTC。

提示：

● 当外界温度很低［低于 -1.5℃（29.3 ℉）］时，压缩机会因环境温度传感器和蒸发器温度传感器的操作而停止，以防止蒸发器冻结。在这种情况下，在温暖的室内环境下执行检查。

● 如果制冷剂已添加而系统没有正确排空（真空时间不足），系统内残留空气中的湿气会在膨胀阀处冻结，堵塞高压侧的气流。因此，为确认故障，回收制冷剂并正确排空系统。添加适量的制冷剂，并检查 DTC。

● 如果本操作后没有输出 DTC，则表示冷凝器中的冷却器干燥器无法吸收制冷剂循环中的水分。在这种情况下，为完成维修，必须更换冷却器干燥器。

如果未输出 DTC B1423，则更换冷却器干燥器。如果输出 DTC B1423，执行下一步。

(7)换上正常的膨胀阀

提示：之所以换上正常的膨胀阀，是因为膨胀阀卡住或阻塞了。

(8)继续加注制冷剂

添加适量的制冷剂。

(9)继续检查故障码

满足表 6-5-4 条件后重新检查 DTC。

小心：如果高压侧的制冷剂压力升高，将设置此 DTC。因此，必须每隔一定时间（约 10min）测量一下电压，因为在空调运行一段时间后可能设置该 DTC。

提示：
● 当外界温度很低（低于-1.5℃）时，压缩机会因环境温度传感器和蒸发器温度传感器的操作而停止，以防止蒸发器冻结。在这种情况下，在温暖的室内环境下执行检查。

● 如果换上正常的膨胀阀后制冷剂压力仍不正常，则冷凝器或管道可能因污物、灰尘或其他杂质而阻塞了。在这种情况下，清理或更换冷凝器或管道。

如果输出DTC B1423，则更换冷凝器。如果未输出DTC B1423，则执行下一步。

（10）检查线束和连接器（空调放大器－空调压力传感器）（1）

a. 将连接器从空调放大器上断开。

b. 根据图6-5-5、图6-5-2和表6-5-6中的值测量电阻。

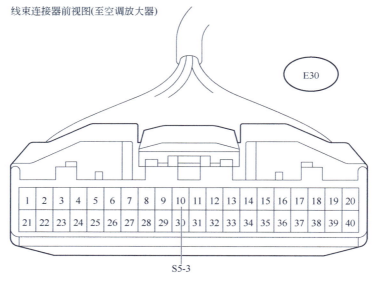

图6-5-5 空调放大器连接器（5）

表6-5-6 标准电阻（9）

检测仪连接	条件	规定状态
A16-3（+）—E30-10（S5-3）	始终	小于1Ω
E30-10（S5-3）—车身搭铁	始终	10kΩ或更大

异常，则维修或更换线束或连接器。正常，执行下一步。

(11) 检查线束和连接器（空调放大器 - 空调压力传感器）(2)

a. 将连接器从空调放大器上断开。

b. 根据图 6-5-6、图 6-5-3 和表 6-5-7 中的值测量电阻。

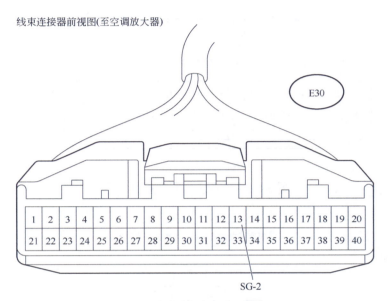

图 6-5-6　空调放大器连接器（6）

表 6-5-7　标准电阻（10）

检测仪连接	条件	规定状态
A16-1（-）—E30-13（SG-2）	始终	小于 1Ω
E30-13（SG-2）—车身搭铁	始终	10kΩ 或更大

异常，则维修或更换线束或连接器。正常，执行下一步。

(12) 检查线束和连接器（空调放大器 - 空调压力传感器）(3)

a. 将连接器从空调放大器上断开。

b. 根据图 6-5-7、图 6-5-8 和表 6-5-8 中的值测量电阻。

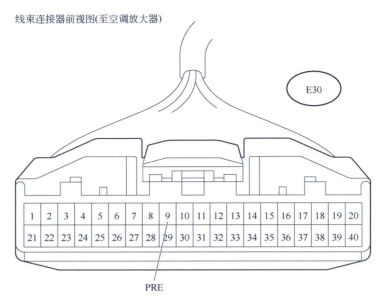

图 6-5-7 空调放大器连接器（7）

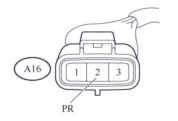

图 6-5-8 空调压力传感器连接器（3）

表 6-5-8 标准电阻（11）

检测仪连接	条件	规定状态
A16-2（PR）—E30-9（PRE）	始终	小于1Ω
E30-9（PRE）—车身搭铁	始终	10kΩ 或更大

异常，则维修或更换线束或连接器。正常，执行下一步。

（13）检查空调系统是否泄漏

a. 安装歧管压力表组件。

b. 使用制冷剂回收装置从空调系统中回收制冷剂。

c. 排空空调系统，检查并确认空调系统内能保持真空。

提示：如果空调系统内不能保持真空，制冷剂可能会从中泄漏。在这种情况下，必须维修或更换空调系统的泄漏零件。

异常，则维修空调系统。正常，执行下一步。

（14）再次加注制冷剂

添加适量的制冷剂。

（15）再次检查故障码

满足表6-5-4条件后重新检查DTC。

提示：

● 如果高压侧的制冷剂压力升高，将设置此DTC。因此，必须每隔一定时间（约10min）测量一下电压，因为在空调运行一段时间后可能设置该DTC。

● 当外界温度很低［低于-1.5℃（29.3℉）］时，压缩机会因环境温度传感器和蒸发器温度传感器的操作而停止，以防止蒸发器冻结。在这种情况下，在温暖的室内环境下执行检查。

● 如果因制冷剂不足或过量而导致设置此DTC，则在执行前面步骤后可能已经解决了这个问题。然而，制冷剂不足的根本原因可能是制冷剂泄漏。制冷剂过量的根本原因可能是在液位不足时添加了制冷剂。因此，必要时查找并维修制冷剂泄漏的部位。

如果未输出DTC B1423，则结束。如果输出DTC B1423，执行下一步。

（16）检查空调压力传感器

a. 安装歧管压力表组件。

b. 将连接器从空调压力传感器上断开。

c. 将3节1.5V干电池的正极（+）引线连接到端子3，并将负极（-）引线连接到端子1。

d. 将电压表正极（+）引线连接到端子2上，负极（-）引线连接到端子1上。

e. 根据图6-5-9和表6-5-9中的值测量电压。

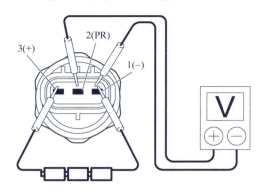

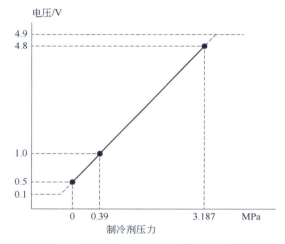

图 6-5-9　检测空调压力传感器

表 6-5-9　标准电压（5）

检测仪连接	条件	规定状态 /V
2—1	制冷剂压力：0.39 ~ 3.187MPa	1.0 ~ 4.8

异常，则更换空调压力传感器。正常，则更换空调放大器。

6.6　空气混合风门控制伺服电动机电路（乘客侧）故障

6.6.1　空气混合风门控制伺服电动机电路故障分析

空气混合风门控制伺服电动机电路故障分析见表 6-6-1。

表 6-6-1　空气混合风门控制伺服电动机电路故障分析

故障现象	即使空调放大器使空气混合控制伺服电动机运转，空气混合风门位置传感器值也不改变
故障原因	❶ 空气混合控制伺服电动机故障 ❷ 空调线束故障 ❸ 空调放大器故障
故障诊断	空气混合风门伺服机构发送脉冲信号，将风门位置告知空调放大器。空调放大器根据信号激活电动机（正常、反向），将空气混合风门（乘客座椅）移动到任何位置，调节通过蒸发器后流过加热器芯的空气流量，以控制鼓风温度。 提示：由于风门连杆或风门机械锁止时会输出此诊断码，所以先确认没有存在机械故障

6.6.2　空气混合风门控制伺服电动机电路分析

空气混合风门控制伺服电动机电路如图 6-6-1 所示。

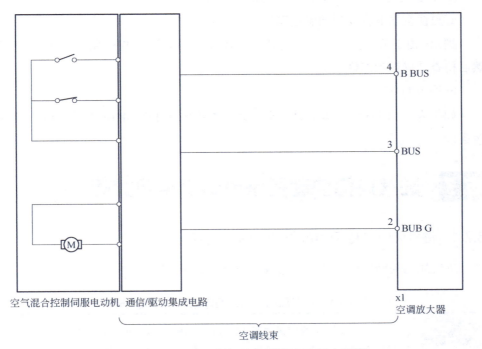

图 6-6-1　空气混合风门控制伺服电动机电路图

检查流程如下。

(1) 读取检测仪的值

a. 将检测仪连接到车辆。

b. 将点火开关置于 ON（IG）位置，并打开检测仪主开关。

c. 操作温度调节开关。

d. 选择数据表 6-6-2 的以下项目，并读取检测仪上显示的数值。

表 6-6-2　数据表/空调数据流（5）

检测仪显示	测量项目/范围	正常状态
Air Mix Servo Targ Pulse（D） （Air Mix Pulse-D）	驾驶员侧空气混合伺服电动机 目标脉冲/最小：0，最大：255	MAX.COLD：92（脉冲） MAX.HOT：5（脉冲）

注：正常情况下显示值与正常状态列中的数值相符。

异常（根据 DTC 进行故障排除时），则更换空调放大器。正常，执行下一步。

(2) 检查空气混合控制伺服电动机

a. 更换空气混合控制伺服电动机。

提示：由于从车辆拆下时不能对伺服电动机进行检查，应使用正常件将其更换，然后检查并确认状态恢复正常。

b. 检查 DTC。

如果未输出 DTC B1441/41，则结束。如果输出 DTC B1441/41，则更换空调线束。

6.7　进气风门控制伺服电动机电路故障

6.7.1　进气风门控制伺服电动机电路故障分析

进气风门控制伺服电动机电路故障分析见表 6-7-1。

表 6-7-1　进气风门控制伺服电动机电路故障分析

故障现象	即使空调放大器使进气控制伺服电动机运转，进气风门位置传感器值也不会改变

续表

故障原因	❶ 进气控制伺服电动机故障 ❷ 空调线束故障 ❸ 空调放大器故障
故障诊断	风门伺服机构（进气控制）发送脉冲信号，将风门位置告知空调放大器。空调放大器根据信号激活电动机（正常、反向），将进气风门移动到任何位置，以控制进气设置（新鲜空气、新鲜空气/再循环和再循环） 提示：由于风门连杆或风门机械锁止时会输出此诊断码，所以先确认没有存在机械故障

6.7.2 进气风门控制伺服电动机电路分析

进气风门控制伺服电动机电路如图 6-7-1 所示。

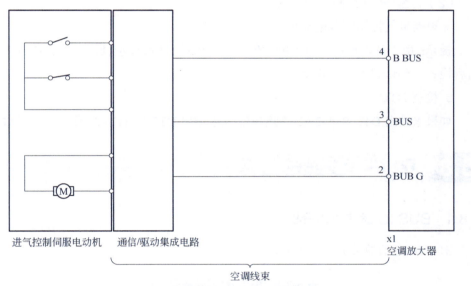

图 6-7-1 进气风门控制伺服电动机电路图

检查流程如下。

（1）读取检测仪的值

a. 将检测仪连接到车辆。

b. 将点火开关置于 ON（IG）位置，并打开智能检测仪主开关。

c. 操作 R/F（再循环/新鲜空气）开关。

d. 选择数据表 6-7-2 的以下项目，并读取智能检测仪上显示的数值。

表 6-7-2　数据表 / 空调数据流（6）

检测仪显示	测量项目 / 范围	正常状态
Air Inlet Damper Targ Pulse （A/I Damp Targ Pls）	进气风门目标脉冲 / 最小：0，最大：255	左驾驶车型： RECIRCULATION：19（脉冲） FRESH：7（脉冲） 右驾驶车型： RECIRCULATION：7（脉冲） FRESH：25（脉冲）

注：正常情况下显示值与正常状态列中的数值相符。

异常（根据 DTC 进行故障排除时），则更换空调放大器。正常，执行下一步。

（2）检查进气控制伺服电动机

a. 更换进气控制伺服电动机。

提示： 由于从车辆拆下时不能对伺服电动机进行检查，应使用正常件将其更换，然后检查并确认状态恢复正常。

b. 检查 DTC。

如果未输出 DTC B1442/42，则结束。如果输出 DTC B1442/42，则更换空调线束。

6.8　BUS IC 通信故障

6.8.1　BUS IC 通信故障分析

BUS IC 通信故障分析见表 6-8-1。

表 6-8-1　BUS IC 通信故障分析

故障现象	通信线路错误或断路
故障原因	❶ 空调放大器故障 ❷ 空调线束故障
故障诊断	空调线束连接空调放大器和各伺服电动机。空调放大器通过空调线束向各伺服电动机供电和发送工作指令。各伺服电动机将风门位置信息发送到空调放大器

6.8.2 BUS IC 通信电路分析

BUS IC 通信电路如图 6-8-1 所示。

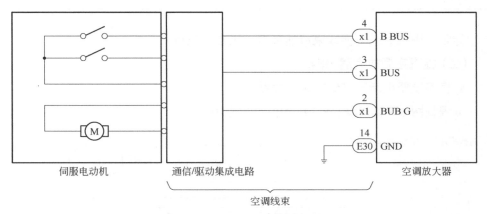

图 6-8-1　BUS IC 通信电路图

检查流程如下。

（1）检查线束和连接器

a. 拆下空调放大器。

b. 将连接器从空调放大器上断开。

c. 根据图 6-8-2 和表 6-8-2 中的值测量电阻。

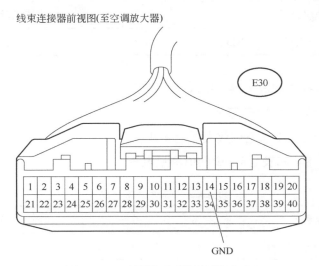

图 6-8-2　空调放大器连接器（8）

表 6-8-2 标准电阻（12）

检测仪连接	条件	规定状态 /Ω
E30-14（GND）—车身搭铁	始终	小于 1

异常，则维修或更换线束或连接器。正常，执行下一步。

（2）检查空调放大器电阻

a. 将连接器重新连接到空调放大器上。

b. 根据图 6-8-3 和表 6-8-3 中的值测量电阻。

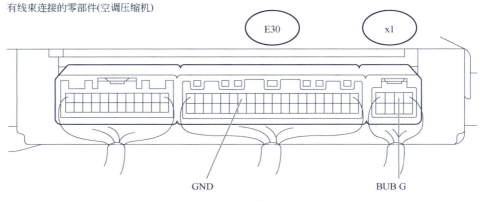

图 6-8-3　测量端子

表 6-8-3　标准电阻（13）

检测仪连接	条件	规定状态 /Ω
x1-2（BUB G）—E30-14（GND）	始终	小于 1

异常，则更换空调放大器。正常，执行下一步。

（3）检查空调放大器电压

a. 将连接器（x1）从空调放大器上断开。

b. 根据图 6-8-4 和表 6-8-4 中的值测量电压。

表 6-8-4　标准电压（6）

检测仪连接	条件	规定状态 /V
x1-4（B BUS）—车身搭铁	点火开关：置于 OFF 位置	低于 1
x1-4（B BUS）—车身搭铁	点火开关：置于 ON（IG）位置	11～14

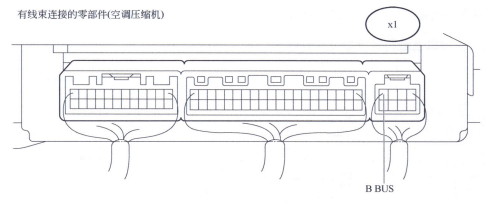

图 6-8-4　空调放大器连接器（9）

异常，则更换空调放大器。正常，执行下一步。

（4）检查空调线束

a. 更换空调线束。

提示：由于将空调线束从车上拆下时不能对它进行检查，应用一正常件将其更换，然后再检查并确认状态是否恢复正常。

b. 检查 DTC。

如果未输出 DTC B1497/97，则结束。如果输出 DTC B1497/97，则更换空调线束。

6.9　压缩机电磁阀电路故障

6.9.1　压缩机电磁阀电路故障分析

压缩机电磁阀电路故障分析见表 6-9-1。

表 6-9-1　压缩机电磁阀电路故障分析

故障现象	压缩机不工作
故障原因	❶ 空调压缩机故障 ❷ 空调放大器和外部可变排量压缩机电磁阀之间的线束或连接器故障 ❸ 空调放大器故障
故障诊断	电路中，压缩机接收来自空调放大器的制冷剂压缩请求信号，基于该信号，压缩机改变压缩机输出量

6.9.2 压缩机电磁阀电路分析

压缩机电磁阀电路如图 6-9-1 所示。

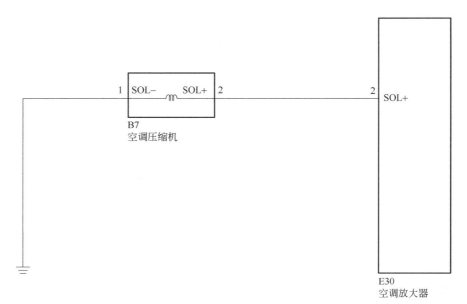

图 6-9-1　压缩机电磁阀电路图

检查流程如下。

（1）检查空调压缩机

a. 断开空调压缩机连接器。

b. 根据图 6-9-2 和表 6-9-2 中的值测量电阻。

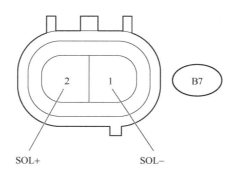

图 6-9-2　空调压缩机连接器（1）

表 6-9-2 标准电阻（14）

检测仪连接	条件	规定状态/Ω
B7-2（SOL+）—B7-1（SOL-）	20℃（68 ℉）	10 ～ 11

异常，则更换空调压缩机。正常，执行下一步。

（2）检查线束和连接器（空调压缩机-车身搭铁）

a. 断开空调压缩机连接器。

b. 根据图 6-9-3 和表 6-9-3 中的值测量电阻。

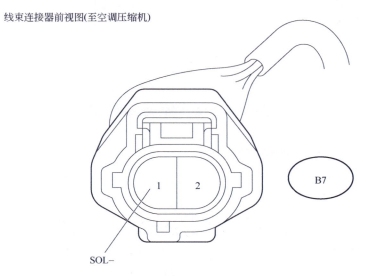

图 6-9-3　空调压缩机连接器（2）

表 6-9-3 标准电阻（15）

检测仪连接	条件	规定状态/Ω
B7-1（SOL-）—车身搭铁	始终	小于 1

异常，则维修或更换线束或连接器。正常，执行下一步。

（3）检查线束和连接器（空调压缩机-空调放大器）

a. 断开空调压缩机连接器。

b. 断开空调放大器连接器。

c. 根据图 6-9-4、图 6-9-5 和表 6-9-4 中的值测量电阻。

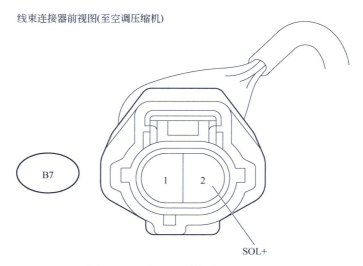

图 6-9-4　空调压缩机连接器（3）

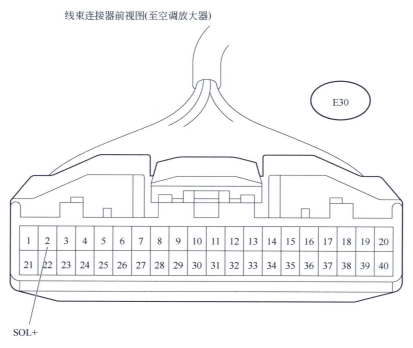

图 6-9-5　空调放大器连接器（10）

表 6-9-4　标准电阻（16）

检测仪连接	条件	规定状态
E30-2（SOL+）—B7-2（SOL+）	始终	小于 1Ω
E30-2（SOL+）—车身搭铁	始终	10kΩ 或更大

异常，则维修或更换线束或连接器。正常（根据 DTC 进行故障排除时），则更换空调放大器。

视频讲解

第 7 章 车载网络系统疑难杂症

7.1 滑动天窗 ECU 通信终止

7.1.1 滑动天窗故障分析

滑动天窗故障分析见表 7-1-1。

表 7-1-1 滑动天窗故障分析

故障现象	滑动天窗不工作
故障原因	❶ 滑动天窗 ECU 故障 ❷ 主车身 ECU 故障 ❸ 线束或连接器故障
故障诊断	当滑动天窗 ECU（滑动天窗主动齿轮）和主车身 ECU 之间的 LIN（局域互联网络）通信中止 10s 以上时，会输出 DTC

7.1.2 滑动天窗电路分析

滑动天窗电路如图 7-1-1 所示。

检查流程如下。

小心： 点火开关置于 OFF 位置，使用智能检测仪进行故障排除时，将检测仪连接至车辆，以 1.5s 的间隔打开和关闭门控灯开关，直到检测仪和车辆之间开始通信。

（1）检查线束和连接器（主车身 ECU-滑动天窗 ECU）

a. 断开连接器 E50*1 或 E61*2（图 7-1-2）。

第 7 章 车载网络系统疑难杂症 187

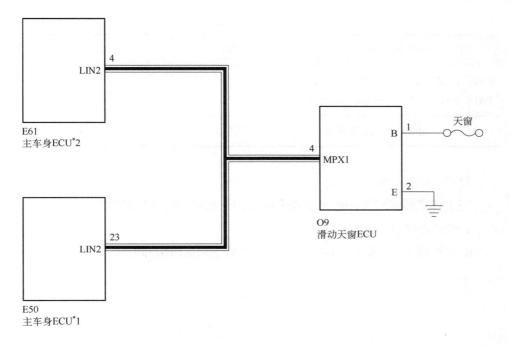

图 7-1-1 滑动天窗电路图

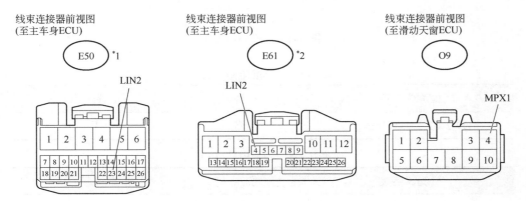

*1：带智能上车和启动系统，带自动灯光控制系统
*2：除*1外

图 7-1-2 连接器 E50*1、E61*2、O9

b. 断开连接器 O9。

c. 根据表 7-1-2 中的值测量电阻。

表 7-1-2　标准电阻（1）

检测仪连接	条件	规定状态
E50(*1)-23（LIN2）—O9-4（MPX1） E61(*2)-4（LIN2）—O9-4（MPX1）	始终	小于1Ω
O9-4（MPX1）—车身搭铁	始终	10kΩ 或更大

异常，则维修或更换线束或连接器。正常，执行下一步。

（2）检查线束和连接器（滑动天窗 ECU-蓄电池电压和搭铁）

a. 断开连接器 O9。

b. 根据图 7-1-3 和表 7-1-3、表 7-1-4 中的值测量电阻和电压。

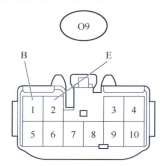

图 7-1-3　连接器 O9

表 7-1-3　标准电阻（2）

检测仪连接	条件	规定状态 /Ω
O9-2（E）—车身搭铁	始终	小于 1

表 7-1-4　标准电压（1）

检测仪连接	条件	规定状态 /V
O9-1（B）—车身搭铁	始终	11～14

异常，则维修或更换线束或连接器。正常，执行下一步。

（3）更换滑动天窗 ECU

a. 更换一个功能正常的或新的滑动天窗 ECU。

b. 删除 DTC。

（4）检查故障码

重新检查有无 DTC。

如果未输出 B1273，则结束。如果输出 B1273，则更换主车身 ECU（仪表板接线盒）。

7.2 LIN 通信主单元故障

7.2.1 LIN 通信主单元故障分析

LIN 通信主单元故障分析见表 7-2-1。

表 7-2-1　LIN 通信主单元故障分析

故障现象	LIN 通信主单元故障
故障原因	❶ 认证 ECU 故障 ❷ 主车身 ECU 故障 ❸ 线束或连接器故障
故障诊断	当主车身 ECU 和认证 ECU 之间存在断路、短路或 ECU 通信故障时，会输出 DTC

7.2.2 LIN 通信主单元电路分析

LIN 通信主单元电路如图 7-2-1 所示。

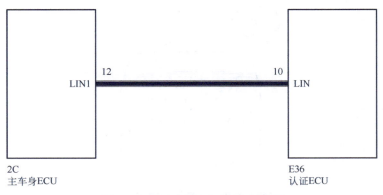

图 7-2-1　LIN 通信主单元电路图

检查流程如下。

小心：点火开关置于 OFF 位置，使用智能检测仪进行故障排除时，将智能检测仪连接至车辆，以 1.5s 的间隔打开和关闭门控灯开关，直到检测仪和车辆之间开始通信。

(1) 检查线束和连接器（认证 ECU-主车身 ECU）

a. 断开连接器 E36 和 2C。

b. 根据图 7-2-2 和表 7-2-2、表 7-2-3 中的值测量电阻和电压。

表 7-2-2 标准电阻（3）

检测仪连接	条件	规定状态
E36-10（LIN）—2C-12（LIN1）	始终	小于 1Ω
E36-10（LIN）或 2C-12（LIN1）—车身搭铁	始终	10kΩ 或更大

线束连接器前视图(至认证ECU)

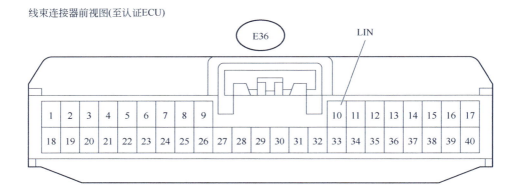

线束连接器前视图(至主车身ECU)

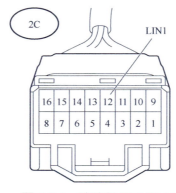

图 7-2-2 连接器 E36 和 2C

表 7-2-3　标准电压（2）

检测仪连接	条件	规定状态 /V
E36-10（LIN）—车身搭铁	始终	低于 1

异常，则维修或更换线束或连接器。正常，执行下一步。

（2）更换主车身 ECU（仪表板接线盒）

a. 更换一个功能正常的或新的主车身 ECU。

b. 删除 DTC。

（3）检查故障码

如果未输出 B2287，则结束。如果输出 B2287，则更换认证 ECU。

7.3　驾驶员侧车门 ECU 通信中止

7.3.1　驾驶员侧车门 ECU 通信故障分析

驾驶员侧车门 ECU 通信故障分析见表 7-3-1。

表 7-3-1　驾驶员侧车门 ECU 通信故障分析

故障现象	驾驶侧车门玻璃不工作
故障原因	❶ 左前电动车窗升降器电动机总成故障 ❷ 主车身 ECU 故障 ❸ 线束或连接器故障
故障诊断	当左前电动车窗升降器电动机总成和主车身 ECU 之间的 LIN 通信中止 10s 以上时，会输出 DTC

7.3.2　驾驶员侧车门 ECU 通信电路分析

驾驶员侧车门 ECU 通信电路如图 7-3-1 所示。

检查流程如下。

小心：点火开关置于 OFF 位置，使用智能检测仪进行故障排除时，将智能检测仪连接至车辆，以 1.5s 的间隔打开和关闭门控灯开关，直到检测仪和车辆之间开始通信。

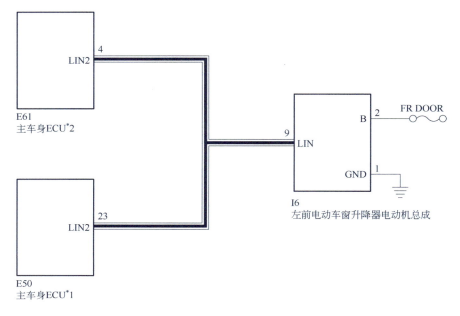

*1：带智能上车和启动系统，带自动灯光控制系统
*2：除*1外

图 7-3-1　驾驶员侧车门 ECU 电路图

（1）检查线束和连接器（主车身 ECU-左前电动车窗升降器电动机总成）

a. 断开连接器 E50*1 或 E61*2。

b. 断开连接器 I6。

c. 根据图 7-3-2 和表 7-3-2 中的值测量电阻。

表 7-3-2　标准电阻（4）

检测仪连接	条件	规定状态
E50（*1）-23（LIN2）—I6-9（LIN） E61（*2）-4（LIN2）—I6-9（LIN）	始终	小于 1Ω
E50（*1）-23（LIN2）—车身搭铁 E61（*2）-4（LIN2）—车身搭铁	始终	10kΩ 或更大

线束连接器前视图(至主车身ECU)

线束连接器前视图
(至左前电动车窗升降器电动机总成)

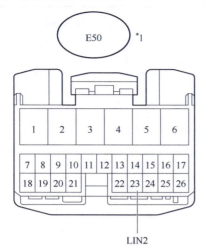
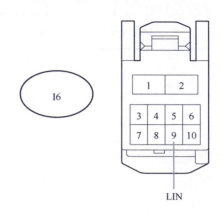

线束连接器前视图(至主车身ECU)

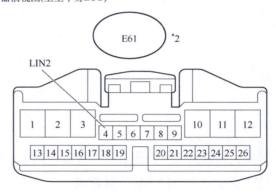

*1：带智能上车和启动系统，带自动灯光控制系统
*2：*1除外

图 7-3-2　连接器 E50*1 或 E61*2、连接器 I6

异常，则维修或更换线束或连接器。正常，执行下一步。

（2）检查线束和连接器（左前电动车窗升降器电动机总成-车身搭铁）

a. 断开连接器 I6。

b. 根据图 7-3-3 和表 7-3-3、表 7-3-4 中的值测量电阻和电压。

表 7-3-3　标准电阻（5）

检测仪连接	条件	规定状态/Ω
I6-1（GND）—车身搭铁	始终	小于1

表 7-3-4　标准电压（3）

检测仪连接	条件	规定状态 /V
I6-2（B）—车身搭铁	始终	11～14

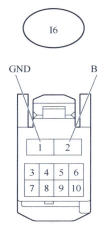

图 7-3-3　连接器 I6

异常，则维修或更换线束或连接器。正常，执行下一步。

（3）更换左前电动车窗升降器电动机总成

a. 更换一个功能正常的或新的左前电动车窗升降器电动机总成。

b. 删除 DTC。

（4）检查故障码

如果未输出 B2321，则结束。如果输出 B2321，则更换主车身 ECU（仪表板接线盒）。

7.4　LIN 通信总线故障

7.4.1　LIN 通信总线故障分析

LIN 通信总线故障分析见表 7-4-1。

表 7-4-1　LIN 通信总线故障分析

故障现象	LIN 通信总线故障
故障原因	❶ 左前电动车窗升降器电动机总成故障 ❷ 滑动天窗 ECU 故障 ❸ 主车身 ECU 故障 ❹ 线束或连接器故障
故障诊断	主车身 ECU 监视所有连接到车门系统 LIN 总线的 ECU 之间的通信。若主车身 ECU 以 2.6s 间隔连续 3 次检测到任何连接到车门系统 LIN 总线的 ECU 出现通信错误，将输出 DTC B2325

7.4.2　LIN 通信总线电路分析

LIN 通信总线电路如图 7-4-1 所示。

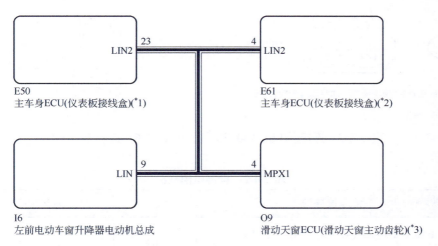

图 7-4-1　LIN 通信总线电路图

检查流程如下。

小心：点火开关置于 OFF 位置，使用智能检测仪进行故障排除时，将智能检测仪连接至车辆，以 1.5s 的间隔打开和关闭门控灯开关，直到检测仪和车辆之间开始通信。

(1)检查线束和连接器(主车身ECU-各ECU)

a. 断开连接器 E50*1 或 E61*2。

b. 断开连接器 I6。

c. 断开连接器 O9*3。

d. 根据图 7-4-2 和表 7-4-2 中的值测量电阻。

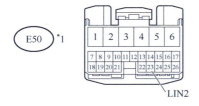

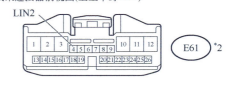

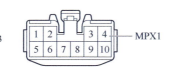

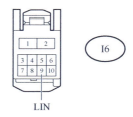

*1：带智能上车和起动系统，带自动灯光控制系统
*2：*1除外
*3：带滑动天窗

图 7-4-2　连接器 E50*1 或 E61*2、连接器 I6、连接器 O9*3

表 7-4-2　标准电阻（6）

检测仪连接	条件	规定状态
E50（*1）-23（LIN2）—I6-9（LIN） E61（*2）-4（LIN2）—I6-9（LIN）	始终	小于1Ω
E50（*1）-23（LIN2）—O9-4（MPX1） E61（*2）-4（LIN2）—OI9-4（MPX1）	始终	小于1Ω
E50（*1）-23（LIN2）—车身搭铁 E61（*2）-4（LIN2）—车身搭铁	始终	10kΩ 或更大

异常，则维修或更换线束或连接器。正常，则系统检查。

（2）检查故障码

如果输出 B2325，则更换主车身 ECU（仪表板接线盒）。如果未输出 B2325，则更换左前电动车窗升降器电动机总成。

7.5 通过 LIN 连接的 ECU 之间的通信故障

7.5.1 ECU 之间的通信故障分析

ECU 之间的通信故障分析见表 7-5-1。

表 7-5-1　ECU 之间的通信故障分析

故障描述	❶ ECU 之间的 LIN 通信错误和通信线路断路或短路 ❷ 来自认证 ECU 的 LIN 通信停止一段设定的时间或更长时间
故障原因	❶ 认证 ECU 故障 ❷ 主车身 ECU 故障 ❸ 转向锁 ECU 故障 ❹ 识别码盒故障 ❺ 线束或连接器故障
故障诊断	认证 ECU 监视所有连接到认证 ECU 系统 LIN 总线的 ECU 之间的通信。在认证 ECU 以固定间隔连续 3 次检测到所有连接到认证 ECU 系统 LIN 总线的 ECU 出现通信错误时，将输出 DTC B2785

7.5.2 通过 LIN 连接的 ECU 电路分析

通过 LIN 连接的 ECU 电路如图 7-5-1 所示。

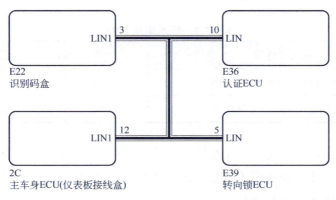

图 7-5-1　通过 LIN 连接的 ECU 电路图

检查流程如下。

小心：点火开关置于 OFF 位置，使用智能检测仪进行故障排除时，将智能检测仪连接至车辆，以 1.5s 的间隔打开和关闭门控灯开关，直到检测仪和车辆之间开始通信。

（1）检查线束和连接器（认证 ECU-转向锁 ECU）

a. 断开连接器 E36 和 E39。

b. 根据图 7-5-2 和表 7-5-2 中的值测量电阻。

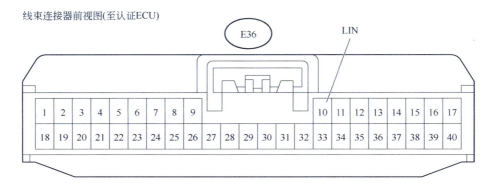

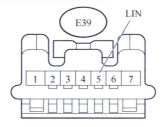

图 7-5-2　连接器 E36 和 E39

表 7-5-2　标准电阻（7）

检测仪连接	条件	规定状态
E36-10（LIN）—E39-5（LIN）	始终	小于 1Ω
E36-10（LIN）—车身搭铁	始终	10kΩ 或更大

异常，则维修或更换线束或连接器。正常，执行下一步。

（2）检查线束和连接器（认证 ECU-主车身 ECU）

a. 断开连接器 E36 和 2C。

b. 根据图 7-5-3 和表 7-5-3 中的值测量电阻。

表 7-5-3　标准电阻（8）

检测仪连接	条件	规定状态
E36-10（LIN）—2C-12（LIN1）	始终	小于 1Ω
E36-10（LIN）—车身搭铁	始终	10kΩ 或更大

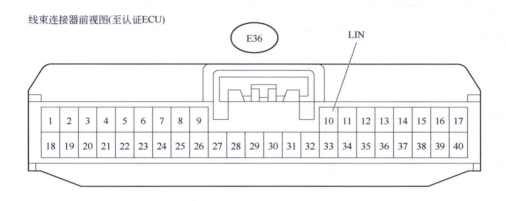

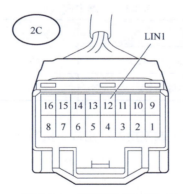

图 7-5-3　连接器 E36 和 2C

异常，则维修或更换线束或连接器。正常，执行下一步。

（3）检查线束和连接器（认证 ECU-识别码盒）

a. 断开连接器 E36 和 E22。

b. 根据图 7-5-4 和表 7-5-4 中的值测量电阻。

线束连接器前视图(至认证ECU)

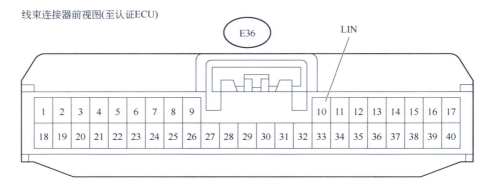

线束连接器前视图(至识别码盒)

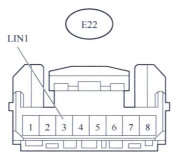

图 7-5-4　连接器 E36 和 E22

表 7-5-4　标准电阻（9）

检测仪连接	条件	规定状态
E36-10（LIN）—E22-3（LIN1）	始终	小于 1Ω
E36-10（LIN）—车身搭铁	始终	10kΩ 或更大

异常，则维修或更换线束或连接器。正常，执行下一步。

（4）检查故障码

a. 断开连接器 2C。

b. 重新检查有无 DTC。

如果未输出 B2785，则更换主车身 ECU（仪表板接线盒）。如果输出 B2785，执行下一步。

（5）再次检查故障码

a. 断开连接器 E39。

b. 重新检查有无 DTC。

如果未输出 B2785，则更换转向锁 ECU。如果输出 B2785，执行下一步。

（6）第三次检查故障码

a. 断开连接器 E22。

b. 重新检查有无 DTC。

如果未输出 B2785，则更换识别码盒。如果输出 B2785，则更换认证 ECU。

7.6 转向锁 ECU 没有响应

7.6.1 转向锁 ECU 故障分析

转向锁 ECU 故障分析见表 7-6-1。

表 7-6-1 转向锁 ECU 故障分析

故障现象	转向锁 ECU 没有响应
故障原因	❶ 转向锁 ECU 故障 ❷ 认证 ECU 故障 ❸ 线束或连接器故障
故障诊断	当认证 ECU 和转向锁 ECU 之间的 LIN 通信停止 10s 以上时，会输出 DTC

7.6.2 转向锁 ECU 电路分析

转向锁 ECU 电路如图 7-6-1 所示。

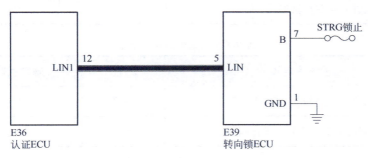

图 7-6-1 转向锁 ECU 电路图

检查流程如下。

小心：点火开关置于 OFF 位置，使用智能检测仪进行故障排除时，将智能检测仪连接至车辆，以 1.5s 的间隔打开和关闭门控灯开关，直到检测仪和车辆之间开始通信。

(1) 检查线束和连接器 E39

a. 将连接器 E39 从 ECU 上断开。

b. 根据图 7-6-2 和表 7-6-2、表 7-6-3 中的值测量电压和电阻。

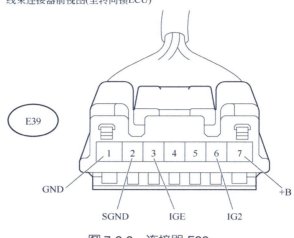

图 7-6-2　连接器 E39

表 7-6-2　标准电压（4）

检测仪连接	条件	规定状态 /V
E39-3（IGE）—车身搭铁	点火开关置于 ON（IG）位置	11～14
E39-6（IG2）—车身搭铁	点火开关置于 ON（IG）位置	11～14
E39-7（+B）—车身搭铁	始终	11～14

表 7-6-3　标准电阻（10）

检测仪连接	条件	规定状态 /Ω
E39-1（GND）—车身搭铁	始终	小于 1
E39-2（SGND）—车身搭铁	始终	小于 1

异常，则维修或更换线束或连接器。正常，执行下一步。

(2) 检查线束和连接器 E36

a. 将连接器 E36 从仪表板接线盒上断开。

b. 根据图 7-6-3 和表 7-6-4 中的值测量电阻。

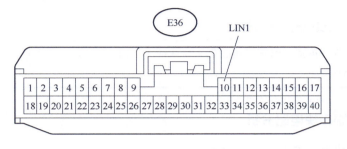
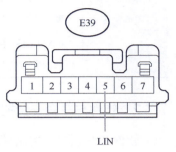

图 7-6-3　连接器 E36/E39

表 7-6-4　标准电阻（11）

检测仪连接	条件	规定状态
E39-5（LIN）—E36-10（LIN1）	始终	小于 1Ω
E39-5（LIN）—车身搭铁	始终	10kΩ 或更大

异常，则维修或更换线束或连接器。正常，执行下一步。

（3）更换转向锁 ECU

a. 更换一个新的转向锁 ECU。

b. 删除 DTC。

（4）检查故障码

如果未输出 B2786，则结束。如果输出 B2786，则更换认证 ECU。

7.7　软件与车辆安全控制模块不兼容

7.7.1　软件与车辆安全控制模块不兼容故障分析

软件与车辆安全控制模块不兼容故障分析见表 7-7-1。

表 7-7-1　软件与车辆安全控制模块不兼容故障分析

故障现象	不能与认证 ECU 继续进行通信
故障原因	❶ 认证 ECU 电源电路故障 ❷ 认证 ECU 故障 ❸ 认证 ECU 支线或连接器故障
故障诊断	CAN MS 主总线正常，但不能接收到来自认证 ECU 的信号时，主车身 ECU 将存储 DTC

7.7.2　软件与车辆安全控制模块电路分析

软件与车辆安全控制模块电路如图 7-7-1 所示。

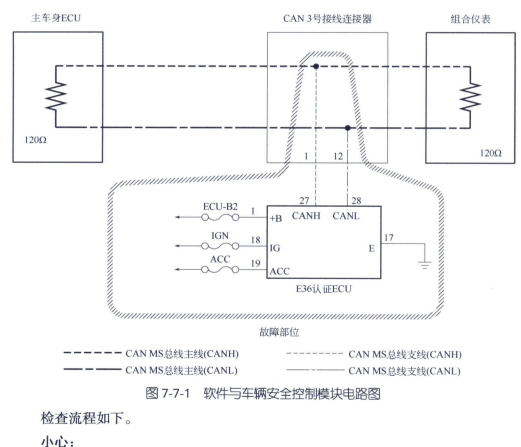

图 7-7-1　软件与车辆安全控制模块电路图

检查流程如下。

小心：

● 测量 CAN（控制器局域网络）总线主线和 CAN 总线支线的电阻前，首先将点火开关置于 OFF 位置。

● 将点火开关置于 OFF 位置后，检查并确认钥匙提醒警告系统和车灯提醒警告系统未处于工作状态。

● 开始测量电阻前，使车辆保持原来状态至少 1min，不要操作点火开关和任何其他开关或车门。如果需要打开任何车门以检测连接器，则打开该车门并让它保持打开状态。

（1）检查 CAN MS 总线（认证 ECU）

a. 将点火开关置于 OFF 位置。

b. 将认证 ECU 连接器从认证 ECU 上断开。

c. 根据图 7-7-2 和表 7-7-2 中的值测量电阻。

线束连接器前视图(至认证ECU)

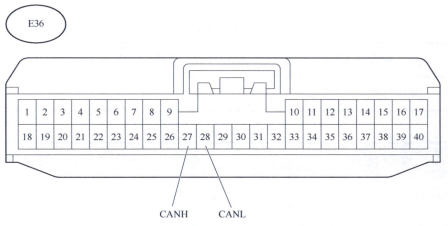

图 7-7-2　认证 ECU 连接器（1）

表 7-7-2　标准电阻（12）

检测仪连接	条件	规定状态/Ω
E36-27（CANH）—E36-28（CANL）	点火开关置于 OFF 位置	54 ～ 69

异常，则维修或更换 CAN MS 总线支线或连接器（认证 ECU）。正常，执行下一步。

（2）检查线束和连接器（电源电路）

根据图 7-7-3 和表 7-7-3、表 7-7-4 中的值测量电阻和电压。

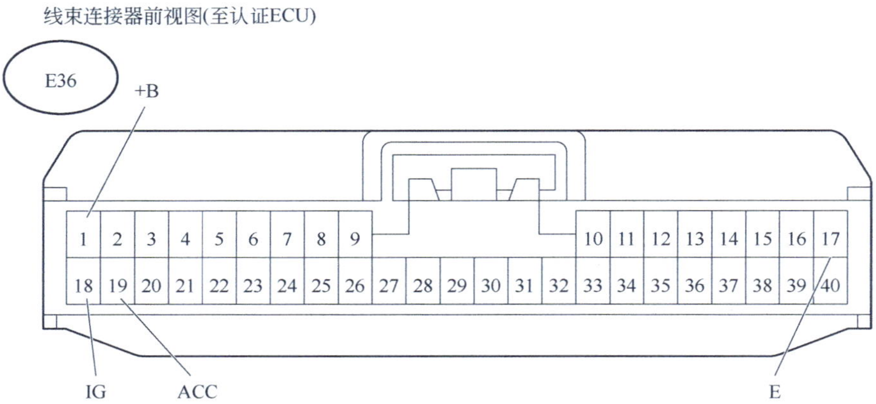

线束连接器前视图(至认证ECU)

图 7-7-3　认证 ECU 连接器（2）

表 7-7-3　标准电阻（13）

检测仪连接	条件	规定状态 /Ω
E36-17（E）—车身搭铁	始终	小于 1

表 7-7-4　标准电压（5）

检测仪连接	条件	规定状态 /V
E36-18（IG）—车身搭铁	点火开关置于 ON（IG）位置	10～14
E36-1（+B）—车身搭铁	始终	10～14
E36-19（ACC）—车身搭铁	点火开关置于 ON（ACC）位置	10～14

异常，则维修或更换线束或连接器。正常，则更换认证 ECU。

7.8　与网关模块失去通信（主车身 ECU）

7.8.1　与网关模块失去通信（主车身 ECU）故障分析

与网关模块失去通信（主车身 ECU）故障分析见表 7-8-1。

表 7-8-1　与网关模块失去通信（主车身 ECU）故障分析

故障现象	与网关模块失去通信
故障原因	❶ CAN MS 总线主线或连接器断路或短路 ❷ CAN MS 总线支线或连接器断路或短路 ❸ 认证 ECU 故障 ❹ 组合仪表故障 ❺ 主车身 ECU 故障 ❻ CAN 3 号接线连接器故障
故障诊断	❶ 当不能接收到来自已存储为连接到 CAN MS 总线的 ECU 的信号时，主车身 ECU 将存储 DTC ❷ 当主车身 ECU 接收到来自连接到 CAN MS 总线的 ECU 的响应信号时，主车身 ECU 识别并存储连接到 CAN MS 总线的 ECU 数据。根据这些存储的数据，当与那些 ECU 通信时，主车身 ECU 监视连接到 CAN MS 总线的 ECU 中的故障。如果主车身 ECU 不能接收到来自已存储为连接到 CAN MS 总线的 ECU 的响应信号，则主车身 ECU 判定故障存在

7.8.2　网关模块电路分析

网关模块电路如图 7-8-1 所示。

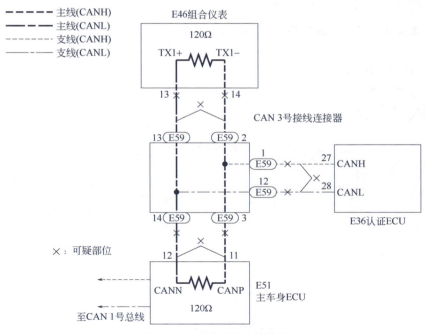

图 7-8-1　网关模块电路图

检查流程如下。

小心：

● 测量 CAN 总线主线和 CAN 总线支线的电阻前，首先请将点火开关置于 OFF 位置。

● 将点火开关置于 OFF 位置后，检查并确认钥匙提醒警告系统和车灯提醒警告系统未处于工作状态。

● 开始测量电阻前，使车辆保持原来状态至少 1min，不要操作点火开关和任何其他开关或车门。如果需要打开任何车门以检测连接器，则打开该车门并让它保持打开状态。

提示：

● 操作点火开关、任何其他开关或车门会触发相关 ECU 和传感器进行 CAN 通信。该通信将导致电阻发生变化。

● 即使清除了 DTC，如果在行驶一段时间后又存储了 DTC，则故障可能是因车辆振动而发生的。在这种情况下，执行下面的检查时，晃动 ECU 和线束将有助于确定故障原因。

（1）检查 CAN MS 总线线路

a. 将点火开关置于 OFF 位置。

b. 根据图 7-8-2 和表 7-8-2 中的值测量电阻。

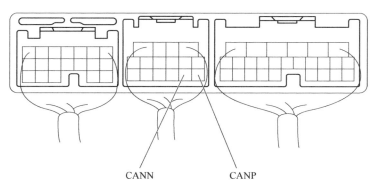

图 7-8-2　连接器 E51

表 7-8-2　测量结果

检测仪连接	条件	结果 /Ω	处理
E51-11（CANP）—E51-12（CANN）	点火开关置于 OFF 位置	54～69	检查 CAN MS 总线线路是否对 +B 短路
E51-11（CANP）—E51-12（CANN）	点火开关置于 OFF 位置	69 或更大	检查 CAN MS 总线主线是否断路（组合仪表主线）
E51-11（CANP）—E51-12（CANN）	点火开关置于 OFF 位置	小于 54	检查 CAN MS 总线是否短路（主车身 ECU 主线）

（2）检查 CAN MS 总线线路是否对 +B 短路

根据图 7-8-3 和表 7-8-3 的值测量电阻。

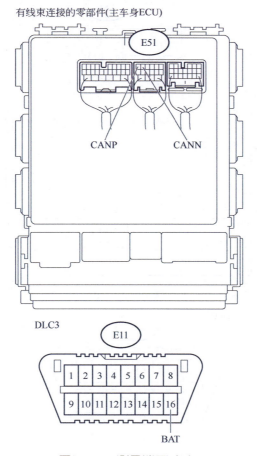

图 7-8-3　测量端子（1）

表 7-8-3　标准电阻（14）

检测仪连接	条件	规定状态 /kΩ
E51-11（CANP）—E11-16（BAT）	断开蓄电池负极端子	6 或更大
E51-12（CANN）—E11-16（BAT）	断开蓄电池负极端子	6 或更大

异常，则维修或更换 CAN MS 总线（主车身 ECU 主线）。正常，执行下一步。

（3）检查 CAN MS 总线线路是否对搭铁短路

根据图 7-8-4 和表 7-8-4 中的值测量电阻。

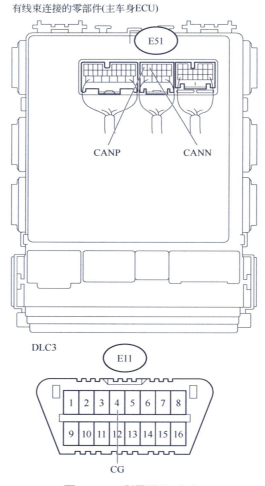

图 7-8-4　测量端子（2）

表 7-8-4　标准电阻（15）

检测仪连接	条件	规定状态/Ω
E51-11（CANP）—E11-4（CG）	点火开关置于 OFF 位置	200 或更大
E51-12（CANN）—E11-4（CG）	点火开关置于 OFF 位置	200 或更大

异常，则维修或更换 CAN MS 总线（主车身 ECU 主线）。正常，执行下一步。

（4）检查 CAN MS 总线是否断路（CAN MS 总线支线）

异常，则维修或更换 CAN MS 总线支线或连接器（认证 ECU 支线）。正常，执行下一步。

（5）检查 CAN MS 总线主线是否断路（组合仪表主线）

a. 断开 CAN 3 号接线连接器。

b. 根据图 7-8-5 和表 7-8-5 中的值测量电阻。

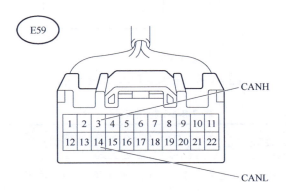

图 7-8-5　CAN 3 号接线连接器（1）

表 7-8-5　标准电阻（16）

检测仪连接	条件	规定状态/Ω
E59-3（CANH）—E59-14（CANL）	点火开关置于 OFF 位置	108～132

异常，则维修或更换 CAN MS 总线主线（组合仪表 -CAN 3 号接线连接器）。正常，执行下一步。

（6）检查 CAN 总线主线是否短路（主车身 ECU-CAN 3 号接线连接器）

a. 断开 CAN 3 号接线连接器。

b. 根据图 7-8-5 和表 7-8-5 中的值测量电阻。

异常，则更换 CAN 3 号接线连接器。正常，执行下一步。

（7）检查 CAN MS 总线主线是否断路（主车身 ECU-CAN 3 号接线连接器）

a. 重新连接 CAN 3 号接线连接器。

b. 将主车身 ECU 连接器从主车身 ECU 上断开。

c. 根据图 7-8-6 和表 7-8-6 中的值测量电阻。

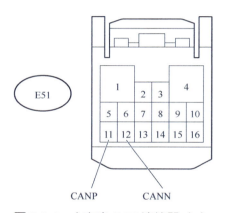

图 7-8-6　主车身 ECU 连接器（1）

表 7-8-6　标准电阻（17）

检测仪连接	条件	规定状态/Ω
E51-11（CANP）—E51-12（CANN）	点火开关置于 OFF 位置	108～132

异常，则维修或更换 CAN MS 总线主线或连接器（主车身 ECU-CAN 3 号接线连接器）。正常，执行下一步。

（8）检查 CAN MS 总线主线是否断路（组合仪表-CAN 3 号接线连接器）

a. 重新连接 CAN 3 号接线连接器。

b. 断开组合仪表连接器。

c. 根据图 7-8-7 和表 7-8-7 中的值测量电阻。

线束连接器前视图(至组合仪表)

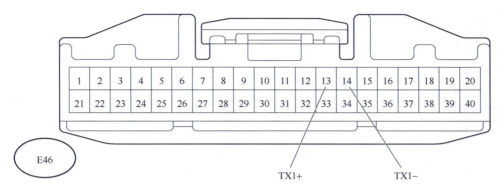

图 7-8-7　组合仪表连接器

表 7-8-7　标准电阻（18）

检测仪连接	条件	规定状态/Ω
E46-13（TX1+）—E46-14（TX1-）	点火开关置于 OFF 位置	108～132

异常，则维修或更换 CAN MS 总线主线或连接器（组合仪表 -CAN 3 号接线连接器）。正常，执行下一步。

（9）检查 CAN MS 总线是否短路（主车身 ECU 主线）

a. 断开 CAN 3 号接线连接器。

b. 根据图 7-8-5 和表 7-8-5 中的值测量电阻。

异常，则维修或更换 CAN MS 总线（主车身 ECU 主线）。正常，执行下一步。

（10）检查 CAN MS 总线是否短路（组合仪表主线）

a. 断开 CAN 3 号接线连接器。

b. 根据图 7-8-8 和表 7-8-8 中的值测量电阻。

表 7-8-8　标准电阻（19）

检测仪连接	条件	规定状态/Ω
E59-2（CANH）—E59-13（CANL）	点火开关置于 OFF 位置	108～132

异常，则维修或更换 CAN MS 总线（组合仪表主线）。正常，执行下一步。

线束连接器前视图(至CAN 3号接线连接器)

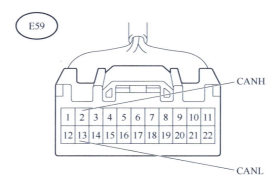

图 7-8-8　CAN 3 号接线连接器（2）

（11）检查 CAN MS 总线是否短路（认证 ECU 支线）

a. 断开 CAN 3 号接线连接器。

b. 根据图 7-8-9 和表 7-8-9 中的值测量电阻。

线束连接器前视图(至CAN 3号接线连接器)

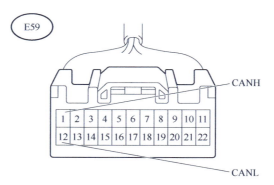

图 7-8-9　CAN 3 号接线连接器（3）

表 7-8-9　标准电阻（20）

检测仪连接	条件	规定状态 /MΩ
E59-1（CANH）—E59-12（CANL）	点火开关置于 OFF 位置	1 或更大

异常，则维修或更换 CAN MS 总线（认证 ECU 支线）。正常，执行下一步。

（12）检查 CAN 总线主线是否短路（主车身 ECU-CAN 3 号接线连接器）

a. 重新连接 CAN 3 号接线连接器。

b. 将主车身 ECU 连接器从主车身 ECU 上断开。

c. 根据图 7-8-10 和表 7-8-10 中的值测量电阻。

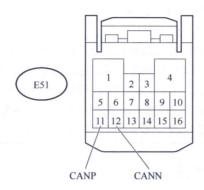

图 7-8-10　主车身 ECU 连接器（2）

表 7-8-10　标准电阻（21）

检测仪连接	条件	规定状态 / Ω
E51-11（CANP）—E51-12（CANN）	点火开关置于 OFF 位置	108～132

异常，则维修或更换 CAN MS 总线主线或连接器（主车身 ECU-CAN3 号接线连接器）。正常，则更换仪表板接线盒（主车身 ECU）。

7.9　与网关模块失去通信（网络网关 ECU）

7.9.1　与网关模块失去通信故障分析

与网关模块失去通信故障分析见表 7-9-1。

表 7-9-1　与网关模块失去通信故障分析

故障现象	网络网关 ECU 不能接收到来自存储为已连接到 CAN 2 号总线的所有 ECU 的信号

故障原因	❶ CAN 2 号总线主线或连接器断路或短路 ❷ CAN 2 号总线支线或连接器断路或短路 ❸ 电视摄像机 ECU 故障 ❹ 网络网关 ECU 故障 ❺ CAN 4 号接线连接器故障
故障诊断	❶ 当不能接收到来自存储为已连接到 CAN 2 号总线的 ECU 的信号时，网络网关 ECU 将存储 DTC ❷ 当网络网关 ECU 接收到来自连接到 CAN 2 号总线的 ECU 的响应信号时，网络网关 ECU 识别并存储已连接到 CAN 2 号总线的 ECU 数据。根据这些存储的数据，当与那些 ECU 通信时，网络网关 ECU 监视连接到 CAN 2 号总线的 ECU 的故障。如果网络网关 ECU 不能接收到来自存储为已连接到 CAN 2 号总线的 ECU 的响应信号，网络网关 ECU 则判定故障存在

7.9.2 网关模块 ECU 电路分析

网关模块 ECU 电路如图 7-9-1 所示。

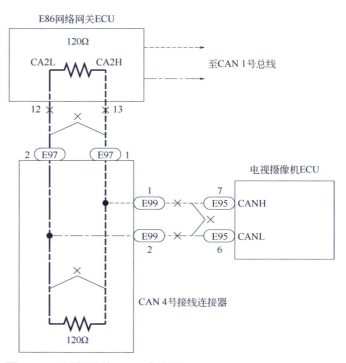

图 7-9-1 网关模块 ECU 电路图

检查流程如下。

小心：

- 测量 CAN 总线主线和 CAN 总线支线的电阻前，首先将点火开关置于 OFF 位置。
- 将点火开关置于 OFF 位置后，检查并确认钥匙提醒警告系统和车灯提醒警告系统未处于工作状态。
- 开始测量电阻前，使车辆保持原来状态至少 1min，不要操作点火开关和任何其他开关或车门。如果需要打开任何车门以检测连接器，则打开该车门并让它保持打开状态。

提示：

- 操作点火开关、任何开关或车门会触发相关 ECU 和传感器进行 CAN 通信。该通信将导致电阻发生变化。
- 即使清除了 DTC，如果在行驶一段时间后又存储了 DTC，则故障可能是因车辆振动而发生的。在这种情况下，执行下面的检查时，晃动 ECU 和线束将有助于确定故障原因。

（1）检查 CAN 2 号总线

a. 将点火开关置于 OFF 位置。

b. 根据图 7-9-2 和表 7-9-2 中的值测量电阻。

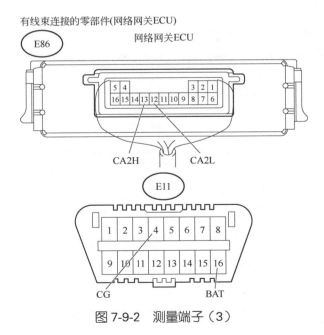

图 7-9-2 测量端子（3）

表 7-9-2　标准电阻（22）

检测仪连接	条件	结果	转至
E86-13（CA2H）—E86-12（CA2L）	点火开关置于 OFF 位置	54～69Ω	小于 53Ω：线路短路
			70Ω 或更大：CAN 主总线断路
E86-13（CA2H）—E11-16（BAT）	断开蓄电池负极端子	6kΩ 或更大	小于 6kΩ：对 +B 短路
E86-12（CA2L）—E11-16（BAT）	断开蓄电池负极端子	6kΩ 或更大	小于 6kΩ：对 +B 短路
E86-13（CA2H）—E11-4（CG）	点火开关置于 OFF 位置	200Ω 或更大	小于 200Ω：对搭铁短路
E86-12（CA2L）—E11-4（CG）	点火开关置于 OFF 位置	200Ω 或更大	小于 200Ω：对搭铁短路

如果线路短路、对 +B 短路、对搭铁短路，则检查 CAN 2 号总线是否短路。如果 CAN 主总线断路，执行下一步。

（2）检查 CAN 2 号总线主线是否断路（网络网关 ECU-CAN 4 号接线连接器）

a. 断开网络网关 ECU 连接器。

b. 根据图 7-9-3 和表 7-9-3 中的值测量线束侧连接器的电阻。

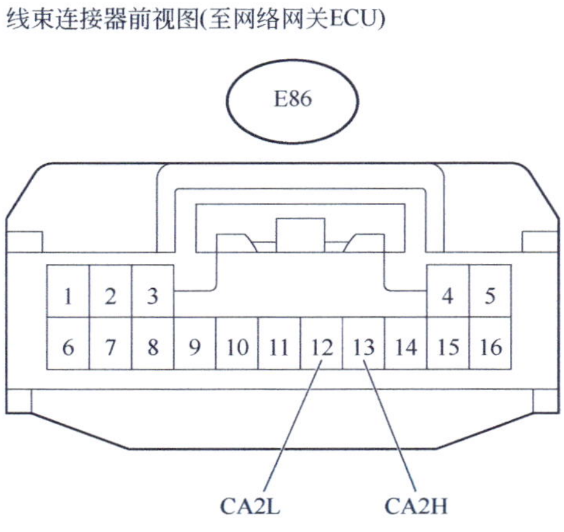

图 7-9-3　网络网关 ECU 连接器 E86

表 7-9-3　标准电阻（23）

检测仪连接	条件	规定状态/Ω
E86-13（CA2H）—E86-12（CA2L）	点火开关置于 OFF 位置	108～132

异常，则更换网络网关 ECU 连接器。正常，执行下一步。

（3）检查 CAN 2 号总线主线是否断路（CAN 4 号接线连接器-网络网关 ECU）

a. 断开 CAN 4 号接线连接器（E97）。

b. 根据图 7-9-4 和表 7-9-4 中的值测量电阻。

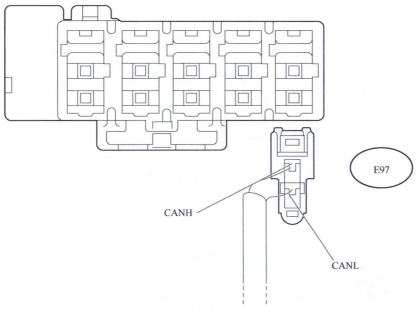

图 7-9-4　CAN 4 号接线连接器 E97

表 7-9-4　标准电阻（24）

检测仪连接	条件	规定状态/Ω
E97-1（CANH）—E97-2（CANL）	点火开关置于 OFF 位置	108～132

异常，则维修或更换 CAN 2 号总线主线或连接器（网络网关 ECU-CAN 4 号接线连接器）。正常，执行下一步。

（4）检查 CAN 2 号总线是否短路

a. 断开网络网关 ECU 连接器。

b. 根据图 7-9-5 和表 7-9-5 中的值测量电阻。

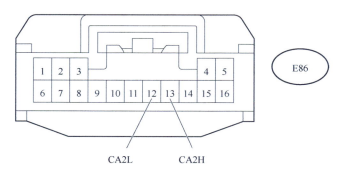

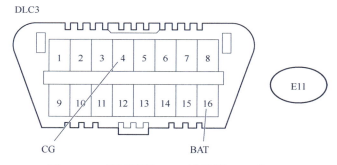

图 7-9-5　网络网关 ECU 连接器 E86 和 E11

表 7-9-5　标准电阻（25）

检测仪连接	条件	结果
E86-13（CA2H）—E86-12（CA2L）	点火开关置于 OFF 位置	108～132Ω
E86-13（CA2H）—E11-16（BAT）	断开蓄电池负极端子	6kΩ 或更大
E86-12（CA2L）—E11-16（BAT）	断开蓄电池负极端子	6kΩ 或更大
E86-13（CA2H）—E11-4（CG）	点火开关置于 OFF 位置	200Ω 或更大
E86-12（CA2L）—E11-4（CG）	点火开关置于 OFF 位置	200Ω 或更大

异常，则更换网络网关 ECU。正常，执行下一步。

（5）检查 CAN 2 号总线是否断路（电视摄像机 ECU 支线）

a. 断开 CAN 4 号接线连接器（E99）（图 7-9-6）。

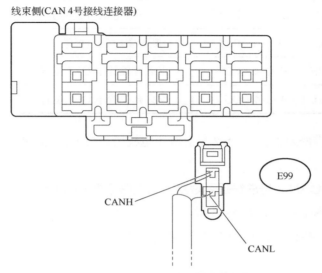

图 7-9-6　CAN 4 号接线连接器 E99

b. 根据图 7-9-7 和表 7-9-6 中的值测量电阻。

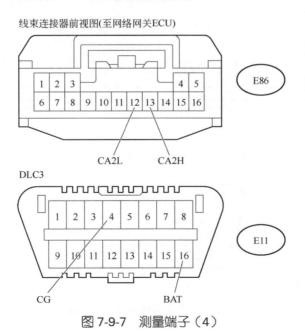

图 7-9-7　测量端子（4）

表 7-9-6 标准电阻（26）

检测仪连接	条件	规定状态
E86-13（CA2H）—E86-12（CA2L）	点火开关置于 OFF 位置	108～132Ω
E86-13（CA2H）—E11-16（BAT）	断开蓄电池负极端子	6kΩ 或更大
E86-12（CA2L）—E11-16（BAT）	断开蓄电池负极端子	6kΩ 或更大
E86-13（CA2H）—E11-4（CG）	点火开关置于 OFF 位置	200Ω 或更大
E86-12（CA2L）—E11-4（CG）	点火开关置于 OFF 位置	200Ω 或更大

异常，则维修或更换 CAN 2 号总线（电视摄像机 ECU 支线）。正常，执行下一步。

（6）检查 CAN 2 号总线是否短路（电视摄像机 ECU 支线）

a. 断开电视摄像机 ECU 连接器。

b. 根据图 7-9-8 和表 7-9-7 中的值测量电阻。

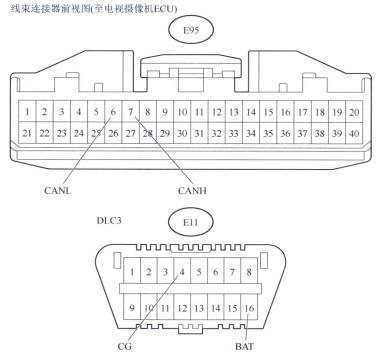

图 7-9-8　电视摄像机 ECU 连接器

表 7-9-7　标准电阻（27）

检测仪连接	条件	规定状态
E95-7（CANH）—E95-6（CANL）	点火开关置于 OFF 位置	1MΩ 或更大
E95-7（CANH）—E11-16（BAT）	断开蓄电池负极端子	6kΩ 或更大
E95-6（CANL）—E11-16（BAT）	断开蓄电池负极端子	6kΩ 或更大
E95-7（CANH）—E11-4（CG）	点火开关置于 OFF 位置	200Ω 或更大
E95-6（CANL）—E11-4（CG）	点火开关置于 OFF 位置	200Ω 或更大

异常，则维修或更换 CAN 2 号总线支线或连接器（电视摄像机 ECU 支线）。正常，执行下一步。

（7）检查 CAN 2 号总线是否短路（CAN 4 号接线连接器-网络网关主线）

a. 断开 CAN 4 号接线连接器（E97）（图 7-9-9）。

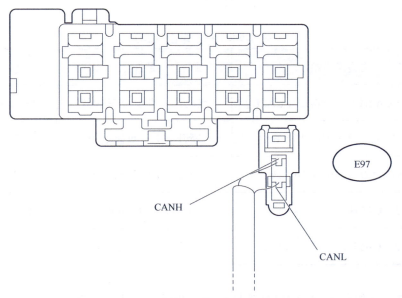

图 7-9-9　CAN 4 号接线连接器 E97

b. 根据图 7-9-10 和表 7-9-8 中的值测量电阻。

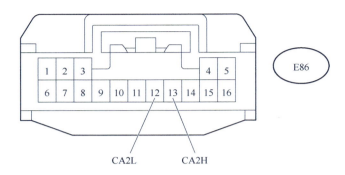

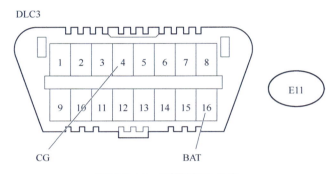

图 7-9-10 测量端子（5）

表 7-9-8 标准电阻（28）

检测仪连接	条件	规定状态
E86-13（CA2H）—E86-12（CA2L）	点火开关置于 OFF 位置	1MΩ 或更大
E86-13（CA2H）—E11-16（BAT）	断开蓄电池负极端子	6kΩ 或更大
E86-12（CA2L）—E11-16（BAT）	断开蓄电池负极端子	6kΩ 或更大
E86-13（CA2H）—E11-4（CG）	点火开关置于 OFF 位置	200Ω 或更大
E86-12（CA2L）—E11-4（CG）	点火开关置于 OFF 位置	200Ω 或更大

异常，则维修或更换 CAN 2 号总线主线或连接器（网络网关 ECU-CAN 4 号接线连接器）。正常，则维修或更换仪表板线束（CAN 4 号接线连接器）。

7.10 防滑控制 ECU 通信故障

7.10.1 防滑控制 ECU 通信故障分析

防滑控制 ECU 通信故障分析见表 7-10-1。

表 7-10-1 防滑控制 ECU 通信故障分析

故障现象	防滑灯点亮
故障原因	❶ 防滑控制 ECU 电源电路故障 ❷ 防滑控制 ECU 支线或连接器故障 ❸ 防滑控制 ECU 故障
故障诊断	❶ 测量 CAN 主线和 CAN 支线之间的电阻前，将点火开关置于 OFF 位置 ❷ 将点火开关置于 OFF 位置后，检查并确认钥匙提醒警告系统和车灯提醒警告系统未处于工作状态 ❸ 开始测量电阻前，使车辆保持原来状态至少 1min，不要操作点火开关和任何其他开关或车门。如果需要打开车门以检查连接器，则打开该车门并让它保持打开状态 提示：操作点火开关、任何其他开关或车门会触发相关 ECU 和传感器进行 CAN 通信。该通信将导致电阻值发生变化 ❹ 即使清除了 DTC，如果在行驶一段时间后又存储了 DTC，则故障可能是因车辆振动而发生的。在这种情况下，检查时可晃动 ECU 和线束以确定故障原因

7.10.2 防滑控制 ECU 电路分析

防滑控制 ECU 电路如图 7-10-1 所示。

检查流程如下。

（1）检查 CAN 总线是否断路（滑动控制 ECU 支线）

a. 将点火开关置于 OFF 位置。

b. 断开防滑控制 ECU 连接器。

c. 根据图 7-10-2 和表 7-10-2、表 7-10-3 中的值测量电阻。

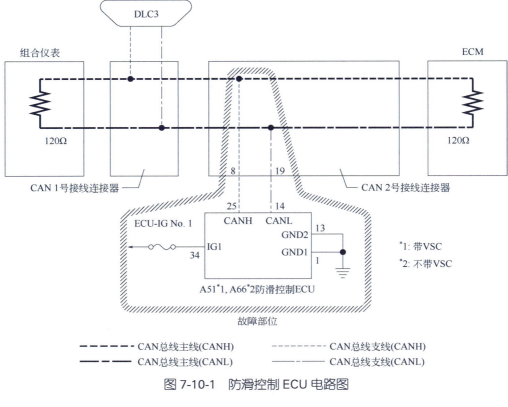

图 7-10-1　防滑控制 ECU 电路图

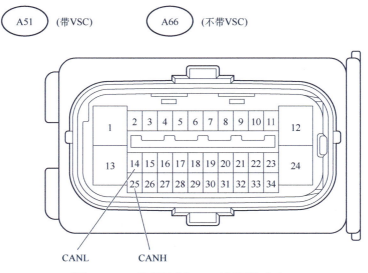

图 7-10-2　防滑控制 ECU 连接器（1）

表 7-10-2　标准电阻（带 VSC）(1)

检测仪连接	条件	规定状态 /Ω
A51-25（CANH）—A51-14（CANL）	点火开关置于 OFF 位置	54～69

表 7-10-3　标准电阻（不带 VSC）(1)

检测仪连接	条件	规定状态 /Ω
A66-25（CANH）—A66-14（CANL）	点火开关置于 OFF 位置	54～69

异常，则维修或更换 CAN 总线支线或连接器（防滑控制 ECU 支线）。正常，执行下一步。

（2）检查线束和连接器（IG1，GND1）

a. 断开防滑控制 ECU 连接器。

b. 根据图 7-10-3 和表 7-10-4、表 7-10-5 中的值测量电阻。

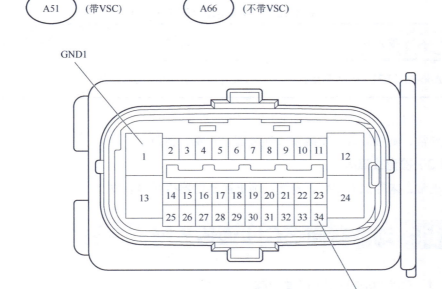

图 7-10-3　防滑控制 ECU 连接器（2）

表 7-10-4　标准电阻（带 VSC）(2)

检测仪连接	条件	规定状态 /Ω
A51-1（GND1）—车身搭铁	始终	小于 1

表 7-10-5　标准电阻（不带 VSC）(2)

检测仪连接	条件	规定状态 /Ω
A66-1（GND1）—车身搭铁	始终	小于 1

c. 根据图 7-10-3 和表 7-10-6、表 7-10-7 中的值测量电压。

表 7-10-6　标准电压（带 VSC）

检测仪连接	条件	规定状态 /V
A51-34（IG1）—车身搭铁	点火开关置于 ON（IG）位置	10～14

表 7-10-7　标准电压（不带 VSC）

检测仪连接	条件	规定状态 /V
A66-34（IG1）—车身搭铁	点火开关置于 ON（IG）位置	10～14

异常，则维修或更换线束或连接器。正常，执行下一步。

（3）检查故障码

正常，未存储 C1241。异常，则更换制动器执行器总成。

7.11　动力转向 ECU 通信故障

7.11.1　动力转向 ECU 通信故障分析

动力转向 ECU 通信故障分析见表 7-11-1。

表 7-11-1　动力转向 ECU 通信故障分析

故障现象	转向没有助力
故障原因	❶ 动力转向 ECU 电源电路故障 ❷ 动力转向 ECU 支线或连接器故障 ❸ 动力转向 ECU 故障
故障诊断	❶ 测量 CAN 主线和 CAN 支线之间的电阻前，将点火开关置于 OFF 位置 ❷ 将点火开关置于 OFF 位置后，检查并确认钥匙提醒警告系统和车灯提醒警告系统未处于工作状态 ❸ 开始测量电阻前，使车辆保持原来状态至少 1min，不要操作点火开关和任何其他开关或车门。如果需要打开车门以检测连接器，则打开该车门并让它保持打开状态 提示：操作点火开关、任何其他开关或车门会触发相关 ECU 和传感器进行 CAN 通信。该通信将导致电阻发生变化 ❹ 即使清除了 DTC，如果在行驶一段时间后又存储了 DTC，则故障可能是因车辆振动而发生的。在这种情况下，检查时可晃动 ECU 和线束以确定故障原因

7.11.2　动力转向 ECU 电路分析

动力转向 ECU 电路如图 7-11-1 所示。

检查流程如下。

（1）检查 CAN 总线是否断开（动力转向 ECU 支线）

a. 将点火开关置于 OFF 位置。

b. 断开动力转向 ECU 连接器。

c. 根据图 7-11-2 和表 7-11-2 中的值测量电阻。

表 7-11-2　标准电阻（29）

检测仪连接	条件	规定状态 /Ω
E32-1（CANH）—E32-7（CANL）	点火开关置于 OFF 位置	54～69

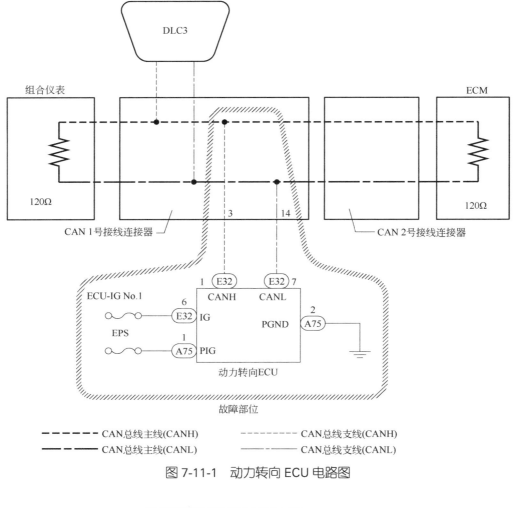

图 7-11-1 动力转向 ECU 电路图

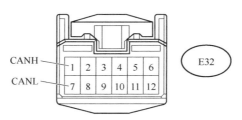

图 7-11-2 动力转向 ECU 连接器（1）

异常，则维修或更换 CAN 支线或连接器（动力转向 ECU 支线）。正常，执行下一步。

（2）检查线束（动力转向 ECU-蓄电池和车身搭铁）

a. 断开动力转向 ECU 连接器。

b. 根据图 7-11-3 和表 7-11-3 中的值测量电阻。

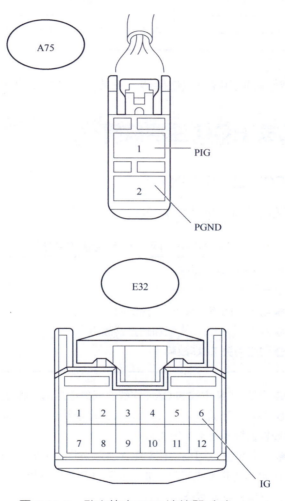

图 7-11-3　动力转向 ECU 连接器（2）

表 7-11-3　标准电阻（30）

检测仪连接	条件	规定状态/Ω
A75-2（PGND）—车身搭铁	始终	小于 1

c. 根据图 7-11-3 和表 7-11-4 中的值测量电压。

表 7-11-4 标准电压（6）

检测仪连接	条件	规定状态 /V
A75-1（PIG）—车身搭铁	始终	10～14
E32-6（IG）—车身搭铁	点火开关置于 ON（IG）位置	10～14

异常，则维修或更换线束或连接器。正常，则更换动力转向 ECU。

7.12 网关 ECU 通信故障

7.12.1 网关 ECU 通信故障分析

网关 ECU 通信故障分析见表 7-12-1。

表 7-12-1 网关 ECU 通信故障分析

故障现象	网关 ECU 通信故障
故障原因	❶ 电源或网络网关 ECU 内部故障 ❷ 网络网关 ECU 支线和连接器故障 ❸ 网络网关 ECU 故障
故障诊断	❶ 测量 CAN 主线和 CAN 支线之间的电阻前，将点火开关置于 OFF 位置 ❷ 将点火开关置于 OFF 位置后，检查并确认钥匙提醒警告系统和车灯提醒警告系统未处于工作状态 ❸ 开始测量电阻前，使车辆保持原来状态至少 1min，不要操作点火开关和任何其他开关或车门。如果需要打开车门以检测连接器，则打开该车门并让它保持打开状态 提示：操作点火开关、任何其他开关或车门会触发相关 ECU 和传感器进行 CAN 通信，该通信将导致电阻发生变化 ❹ 即使清除了 DTC，如果在行驶一段时间后又存储了 DTC，则故障可能是因车辆振动而发生的。在这种情况下，检查时可晃动 ECU 和线束以确定故障原因

7.12.2 网关 ECU 电路分析

网关 ECU 电路如图 7-12-1 所示。

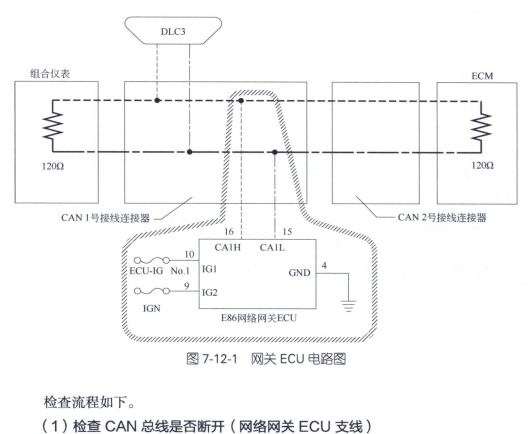

图 7-12-1　网关 ECU 电路图

检查流程如下。

（1）检查 CAN 总线是否断开（网络网关 ECU 支线）

a. 断开网络网关 ECU 连接器。

b. 根据图 7-12-2 和表 7-12-2 中的值测量电阻。

表 7-12-2　标准电阻（31）

检测仪连接	条件	规定状态/Ω
E86-16（CA1H）—E86-15（CA1L）	点火开关置于 OFF 位置	54 ~ 69

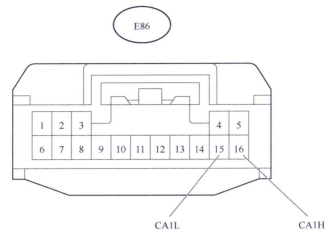

图 7-12-2　网络网关 ECU 连接器（1）

异常，则维修或更换连接至网络网关 ECU 的 CAN 支线（CANH，CANL）。正常，执行下一步。

（2）检查线束（网络网关 ECU-蓄电池和车身搭铁）

a. 断开网络网关 ECU 连接器。

b. 根据图 7-12-3 和表 7-12-3 中的值测量电阻。

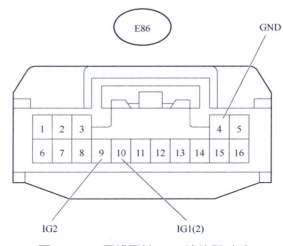

图 7-12-3　网络网关 ECU 连接器（2）

表 7-12-3　标准电阻（32）

检测仪连接	条件	规定状态 /Ω
E86-4（GND）—车身搭铁	点火开关置于 OFF 位置	小于 1

c. 根据图 7-12-3 和表 7-12-4 中的值测量电压。

表 7-12-4　标准电压（7）

检测仪连接	条件	规定状态 /V
E86-10（IG1）—车身搭铁	点火开关置于 ON（IG）位置	10～14
E86-9（IG2）—车身搭铁	点火开关置于 ON（IG）位置	10～14

异常，则维修或更换线束或连接器。正常，则更换网络网关 ECU。

7.13　ECM 通信终止模式故障

7.13.1　ECM 通信终止模式故障分析

ECM 通信终止模式故障分析见表 7-13-1。

表 7-13-1　ECM 通信终止模式故障分析

故障现象	发动机不能启动
故障原因	❶ ECM 电源电路故障 ❷ ECM 故障
故障诊断	❶ 测量 CAN 主线和 CAN 支线之间的电阻前，将点火开关置于 OFF 位置 ❷ 将点火开关置于 OFF 位置后，检查并确认钥匙提醒警告系统和车灯提醒警告系统未处于工作状态 ❸ 开始测量电阻前，使车辆保持原来状态至少 1min，不要操作点火开关和任何其他开关或车门。如果需要打开车门以检测连接器，则打开该车门并让它保持打开状态 提示：操作点火开关、任何其他开关或车门会触发相关 ECU 和传感器进行 CAN 通信。该通信将导致电阻发生变化 ❹ 即使清除了 DTC，如果在行驶一段时间后又存储了 DTC，则故障可能是因车辆振动而发生的。在这种情况下，检查时可晃动 ECU 和线束以确定故障原因

7.13.2 ECM 通信电路分析

ECM 通信电路如图 7-13-1 所示。

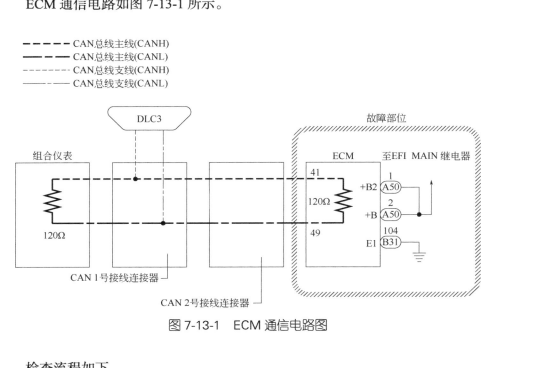

图 7-13-1　ECM 通信电路图

检查流程如下。

（1）检查 CAN 1 号总线主线是否断路（ECM 主线）

a. 将点火开关置于 OFF 位置。

b. 断开 ECM 连接器。

c. 根据图 7-13-2 和表 7-13-2 中的值测量电阻。

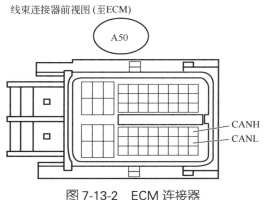

图 7-13-2　ECM 连接器

表 7-13-2　标准电阻（33）

检测仪连接	条件	规定状态/Ω
A50-41（CANH）—A50-49(CANL)	点火开关置于 OFF 位置	108～132

异常，则维修或更换线束或连接器。正常，执行下一步。

（2）检查线束（电源电路）

异常，则维修或更换线束或连接器。正常，则更换 ECM。

视频讲解

参 考 文 献

［1］ 周晓飞. 汽车维修从入门到精通［M］. 北京：化学工业出版社，2018.

［2］ 李林. 汽车维修技能 1008 问［M］. 北京：机械工业出版社，2013.

［3］ 姚科业. 汽车传感器识别·检测·拆装·维修（双色图解精华版）［M］. 北京：化学工业出版社，2017.

欢迎订购化工版汽车图书

书号	书　名	定价/元	出版时间
35068	1000项汽车技师实用技能完全掌握	99.00	2020.01
34995	汽车电工从入门到精通	99.00	2019.11
35129	汽车发动机构造原理与诊断维修	88.00	2019.11
34535	1000项汽车电工必会技能完全掌握	99.00	2019.10
34124	汽车空调系统构造原理与拆装维修	69.00	2019.07
34224	汽车防盗原理与编程技术	99.00	2019.07
34436	汽车快修从入门到精通	99.00	2019.07
33539	新款高档汽车正时校对图解大全	189.00	2019.05
33916	新款汽油发动机维修数据速查	88.00	2019.05
33918	新款柴油发动机维修数据速查	88.00	2019.05
33612	新能源混合动力汽车常用维修资料速查	88.00	2019.04
33651	新能源纯电动汽车常用维修资料速查	88.00	2019.04
33030	汽车常见故障 识别·检测·诊断·分析·排除（配视频）	88.00	2019.01
32944	汽车维修从入门到精通（配视频）	99.00	2018.11
32369	智能交通与无人驾驶	88.00	2018.10
32166	这样学交规 驾照不扣分	49.80	2018.09
31984	汽车车载自动诊断系统维修百日通	66.00	2018.08
32056	汽车控制器与执行器维修百日通	65.00	2018.08
31878	汽车电子元器件识别与检测	69.00	2018.07
31494	图解电动汽车维修入门与提高	69.00	2018.05
31246	汽车原理构造与识图	99.00	2018.04
31437	汽车定期维护	59.00	2018.03
30770	教你成为一流汽车电工（第二版）（配视频）	69.00	2018.01
30852	电动汽车结构原理应用（第二版）	88.00	2018.01
30423	汽车知识与探秘（配视频）	39.80	2018.01
27643	新能源汽车关键技术	88.00	2017.01
30420	汽车传感器 识别·检测·拆装·维修（双色图解精华版）	59.00	2017.10
30496	汽车传感器检修全程图解	49.00	2017.11
21170	汽车电工入门全程图解	29.00	2014.10
20525	汽车维修工入门全程图解	29.00	2014.08
29458	教你成为一流汽车维修工（第二版）（配视频）	59.80	2017.07
29712	汽车构造与原理百日通（配视频）	69.00	2017.08
29058	驾驶员安全停车技术全程图解（配视频）	39.90	2017.05
30327	汽车驾驶全程图解（自动挡：配动画视频版）	59.80	2017.10
30328	汽车驾驶全程图解（手动挡：配动画视频版）	59.80	2017.10

以上图书由化学工业出版社·汽车出版中心出版。如要以上图书的内容简介和详细目录，或者更多的专业图书信息，请登录 http://www.cip.com.cn。

地址：北京市东城区青年湖南街13号（100011）　　购书咨询：010-64518888（传真：010-64519686）

如要出版新著，请与编辑联系。联系电话：010-64519275；联系邮箱：huangying0436@163.com

视频二维码索引

为便于读者对照学习，同一视频会在本书相关章节重复出现

- 测量数据总线（低线短路）/ 237-1
- 测量数据总线（高线短路）/ 237-2
- 测量数据总线（高线和低线短路）/ 237-3
- 测量数据总线（正常波形）/ 237-4
- 电子节气门检测 / 42
- 更换火花塞 / 10
- 加速踏板位置传感器的检测 / 15
- 检测总线线路 / 237-5
- 检查燃油压力 / 11
- 节气门拆装与清洗 / 74-1
- 进气凸轮轴电磁阀的检测 / 185-1
- 进气凸轮轴位置传感器 / 74-2
- 空气流量计检测 / 74-3
- 冷却系统的原理 / 74-4
- 冷却系统渗漏的原因 / 74-5
- 冷却液温度传感器 1 的检测 / 62，147-1
- 内循环控制阀检查测试 / 185-2
- 排气凸轮轴电磁阀的检测 / 185-3
- 喷油器的检测 / 2
- 曲轴位置传感器的检测 / 9
- 燃油压力调节阀的检查测试 / 74-6，147-2
- 碳罐电磁阀的检测 / 185-4
- 增压压力调节阀检查 / 17